AF452659

LE
PLAIN-CHANT

entendu
AU GRAVE

et

harmonisé par les parties supérieures de la main droite

MÉTHODE NOUVELLE
PRÉCÉDÉE DE NOTIONS D'HARMONIE
et
SUIVIE D'UN TRAITÉ DE TRANSPOSITION

PAR

L'ABBÉ HENRY

curé d'AUVE (Marne)

PRIX **5** FR. FRANCO, CHEZ L'AUTEUR.

Inst. Lith. de C. G. Roder, Leipsic.

A SA GRANDEUR

Monseigneur MEIGNAN

ARCHÉVÊQUE DE TOURS.

Monseigneur

Il y a plus de vingt ans déjà, j'ai eu l'insigne honneur de soumettre à Votre Grandeur une méthode pour accompagner le Plain-Chant entendu au grave. Après avoir fait examiner mon travail, Vous avez daigné me presser vivement de le publier, en me donnant l'assurance qu'il rendrait à l'Eglise les plus grands services. Diverses circonstances m'ont empêché de me rendre à Vos bienveillantes sollicitations.

Cependant, mon manuscrit n'a point pour cela séjourné dans mes cartons; il m'a servi, comme à d'autres confrères, à former des élèves, et alors j'ai pu faire à mon travail de nombreuses retouches, et y apporter les plus utiles améliorations. Le livre que je dépose aujourd'hui aux pieds de Votre Grandeur est donc une œuvre mûrement réfléchie, et le fruit d'une longue expérience.

Si lors de Votre élévation sur le siège de Votre ancienne Eglise de Châlons, dont le souvenir nous est toujours si cher, aussi bien qu'il fait encore les délices de Votre Grandeur, Vous estimiez, Monseigneur, que mon ouvrage serait utile à l'Eglise, combien le sera-t-il d'avantage aujourd'hui dans cette triste situation que lui ont faite les malheurs des temps?

Dans la plupart de nos Eglises de campagne, un unique chantre constitue à lui seul tout le lutrin. Et ce pauvre chantre peut-il librement respirer, s'il n'a pas un harmonium faisant seul sa partie pour alterner avec lui? Or, l'expérience démontre que pour bien faire ressortir le chant sur un harmonium il faut qu'il soit produit par la Basse, et non par la partie aiguë, trop faible alors pour être distinguée des fidèles, les parties d'accompagnement écrasant toujours la mélodie.

Puisse cet ouvrage atteindre le but que je me suis proposé, et contribuer à faire célébrer les offices d'une manière digne du Très-Haut.

Daigne Votre Grandeur, Monseigneur, le bénir de nouveau, et agréer l'expression de mes sentiments les plus reconnaissants et les plus respectueux.

Auve, le 10. Octobre 1890.

Henry
Curé d'Auve.

PRÉFACE.

But de cet ouvrage.

En 1885 nous avons publié un 1er ouvrage ayant pour titre: *L'art d'accompagner le plain-chant à l'aigu, par mouvement contraire.* Le but que nous nous sommes proposé a été de remédier aux imperfections de tant d'autres méthodes déjà parues, en produisant un accompagnement très-correct, et en même temps très-riche et très-varié. L'écoulement rapide des premières éditions, et les éloges que nous en ont faits un grand nombre d'artistes attestent que notre but a été atteint. Cette brochure est toujours en vente au prix de 6 francs.

L'ouvrage que nous publions aujourd'hui a un but tout différent. Au lieu de faire entendre le chant à la partie aiguë de la main droite, il le produit à la main gauche, c'est-à-dire, à la partie la plus grave, à la basse. De cette sorte le chant domine de beaucoup sur les parties d'accompagnement, et est très bien entendu des fidèles.

Il est très-peu d'auteurs qui aient écrit sur ce genre d'accompagnement. Nous ne connaissons que l'ouvrage de Mr Battmann, publié en 1856; celui d'Adrien de la Fage, paru en 1858; et le traité d'Harmonie de Félix Clément, imprimé quelques années après, et qui ne touche la question que bien légèrement. Il serait difficile aujourd'hui de se procurer ses ouvrages.

D'autre part, l'Ecole de Musique classique, fondée en 1853 par Niedermeyer, n'adopte pas cette manière de faire entendre le plain-chant à la basse. En cela rien de surprenant: elle forme des artistes destinés à déployer leur talent sur les grandes orgues des cathédrales, dont la combinaison des jeux offre des ressources si multiples. Ces grands maîtres peuvent donc à leur gré équilibrer leurs jeux de manière à faire toujours bien ressortir le chant, même à la partie aiguë

Mais, ces artistes sont loin de se rendre compte de la triste situation faite aujourd'hui, par le malheur des temps, à la plupart de nos Eglises de campagne, où un unique chantre constitue à lui seul tout le lutrin. Dans ces conditions, est-il possible de célébrer un office? Ne faut-il pas laisser à ce pauvre chantre le temps de respirer? Il ne le pourra que si un harmonium fait sa partie en alternan tavec lui.

Or, la plupart des harmoniums ont l'inconvénient de ne pas laisser entendre suffisamment le chant à l'aigu quand ils font seuls leur verset: les parties d'accompagnement, la basse surtout, écrasent ce chant qui devrait être toujours bien entendu des fidèles. Le chant fait par la basse obvie à cet inconvénient.

Et combien d'orgues à tuyaux dont le nombre de jeux trop restreint ne permet pas d'entendre le chant fait à l'aigu par les trompettes? Enfin, nous devons le dire, combien d'artistes, malgré les ressources que leur offrent leurs grandes orgues, malgré les principes de l'École dont ils sont imbus, en viennent enfin à adopter le chant à la basse, pour se rendre au vœu des fidèles qui l'entendent toujours avec plaisir? Rien de plus solennel, en effet, qu'un *Kyrie*, un *Gloria*, entonné par l'orgue avec toute la force de ses jeux: le chant fait à la basse est majestueusement entendu; fait à la partie *aiguë*, il serait écrasé par l'accompagnement.

Le chant entendu à la basse permet donc au grand orgue et à l'harmonium d'alterner avec les chantres, en faisant ressortir la mélodie d'une manière très-appréciable. Tel est le 1er avantage obtenu.

Le 2e avantage est de maintenir les chantres qui ne soutiennent pas leur ton, ou qui ne sont pas sûrs de leur exécution: le chant à la basse, dominant toujours, les force à rester dans la tonalité.

Nous pourrions encore faire cette remarque avec une sommité musicale. Quand le chant est exécuté par des voix graves, comme dans les cathédrales par exemple; ou encore, quand il est soutenu par une contre-basse, il serait bien préférable que l'organiste accompagnateur fît entendre le chant à la basse. Autrement les sons de l'orgue se confondent avec les voix des chantres; et la basse d'accompagnement, qui nécessairement doit être plus grave que les dites voix, n'est pas d'un bel effet; elle est trop sourde et ne se détache point à cause des seize pieds qui dominent.

En éditant cet ouvrage nous n'avons pas la prétention de rejeter l'accompagnement du plain-chant entendu à l'aigu, la 1ère méthode que nous avons publiée le témoigne hautement: nous voulons simplement rendre service à ceux, à qui il pourrait être utile et même nécessaire.

Les succès prodigieux obtenus par notre 1er ouvrage nous ont engagé à établir celui-ci sur le même plan, et d'après les mêmes principes. Nous avons donc conservé la même division en 3 parties. La 1ère traite de l'harmonie applicable à l'accompagnement du plain-chant à la basse; la 2e comprend les formules à employer; et la 3e traite des différents caractères des modes du plain-chant, et de la manière de les accompagner.

DE LA MANIÈRE D'ÉTUDIER.

Pour arriver à de bons résultats, il importe d'étudier avec méthode, gradation et persévérance. C'est pourquoi nous supplions nos élèves de ne point courir çà et là, à la légère, en cherchant à arriver à la fin de l'ouvrage sans en bien posséder le commencement. Nous leur assurons qu'en suivant pas à pas nos exposés, ils ne rencontreront aucune difficulté.

Cependant, les jeunes élèves pourraient ne commencer leurs études qu'à la 2e partie de l'ouvrage qui est la partie pratique; c'est-à-dire, aux formules.

POSITION DES MAINS.

La main gauche fera toujours le chant qui sera doublé, c'est-a-dire, exécuté simultanément par le pouce et le petit doigt. Les grandes orgues feront aussi ce chant à la pédale.

Dans quelle partie du clavier convient-il de faire entendre les accords faits par la main droite? Cela dépend des instruments que l'on touche, et du choix que l'on fait des registres.

Sur les harmoniums où les 16 pieds dominent, l'harmonie ne se distingue pas bien dans le milieu du clavier. Alors il faut la faire entendre à une octave supérieure. On n'oubliera point ce principe général: *On fera en sorte que l'harmonie de la main droite ne soit ni trop sourde, ni trop criarde.*

Un morceau de chant a parfois assez d'étendue. Autant que possible, on fera en sorte que, dans les passages les plus graves de ce morceau, la main droite tienne le milieu du clavier; dans les phrases les plus élevées elle prendra une position également plus élevée. On obtient ce résultat par la combinaison des formules et l'emploi des 3 positions de chaque accord, comme nous l'avons fait généralement pour l'harmonie de nos morceaux indiquée par les lettres posées au-dessus de la portée.

Cependant, il n'arrive pas toujours que les mains conservent entre elles à peu près la même distance. Nos morceaux ont toujours une double harmonie, l'une, la plus riche et la plus soignée, indiquée par les lettres posées au-dessus de la portée, c'est celle que nous appelons harmonie supérieure; l'autre moins riche et plus facile, indiquée par les lettres posées au-dessous de la même portée, c'est l'harmonie inférieure. Dans l'harmonie supérieure il arrive parfois, mais rarement, que les mains se trouvent ou écartées, ou rapprochées l'une de l'autre. Ce cas se produit quand nous avons voulu donner suite à une belle marche d'harmonie déjà commencée. On remarquera, en effet, que généralement la note aiguë de la main droite fait entendre un contre-chant, une mélodie pour ainsi dire, très agréable à l'oreille.

Nous n'avons pas cru devoir indiquer à quel endroit du clavier il convient de commencer elle phrase, tel verset. Tout dépend, comme nous l'avons dit, des sons de l'instrument que l'on touche. C'est à l'organiste qu'il appartient de faire ce discernement.

Dans l'harmonie inférieure, les deux mains peuvent assez souvent se trouver ou écartées, ou rapprochées, selon la marche d'harmonie que l'on a adoptée, et l'octave dans laquelle on s'est engagé. Cependant, si l'on s'apercevait que l'on produit des sons trop aigus, il ne faudrait pas craindre de faire un saut de *quinte* et même d'*octave*, afin de donner une harmonie plus douce. Mais, en tout autre cas, on évitera de faire de trop grands sauts que nous ne tolérons que pour se tirer d'embarras. Si la main droite s'engageait trop avec la gauche, il faudrait l'en éloigner également par un saut. Mais si elle n'était engagée que pour une note, c'est-à-dire s'il se présentait une même note que devraient faire ensemble le pouce de la main droite et celui de la main gauche, cette note commune ne serait point touchée par le pouce de la main droite.

En voyant l'exposé de nos formules, on s'étonnera peut-être de l'écart qui existe entre la main droite et la main gauche dans les notes graves du chant, et du rapprochement de ces deux mains dans les notes aiguës de la basse. En pratique, dans le courant d'un morceau, cet écart disparait généralement dans l'harmonie supérieure. De plus il ne faut pas oublier que nous avons recherché le mouvement contraire qui est le plus élégant, et celui qui offre en même temps le plus de ressources à l'harmonie, et celui enfin par lequel on évite les fautes de *quintes* et d'*octaves successives*.

POURQUOI NOS FORMULES NE SONT ECRITES QU'EN MUSIQUE.

On nous a quelquefois demandé pourquoi nous avions écrit nos formules seulement en musique, et non pas en plain-chant.

C'est avec intention que nous avons agi ainsi. Notre désir est d'initier nos élèves à la lecture des deux clés principales employées en musique. Rien de plus facile que de se familiariser avec cette lecture, puisque nous appelons chaque note par son nom écrit en toutes lettres au-dessus de la portée. N'est-il pas bien plus simple de lire seulement deux clés, la clé de sol pour la main droite, celle de fa pour la main gauche, que d'être obligé d'avoir recours aux différentes clés du plain-chant pour écrire ses formules? De plus, nos élèves se trouveront heureux d'être initiés à cette notation, quand, dans le cours de notre ouvrage, ils rencontreront écrits en musique, et les différents exposés qu'il leur importera d'étudier, et les différentes phrases de chant qu'il leur faudra comparer, et enfin les morceaux qui rappelleront à leur mémoire l'ensemble des accords employés dans les formules.

PREMIÈRE PARTIE.

DE L'HARMONIE.

Les jeunes élèves pourraient immédiatement commencer à étudier la 2e partie à la page 13 et revenir par la suite à celle-ci

CHAPITRE I.

DES SIGNES EMPLOYÉS EN PLAIN-CHANT ET EN MUSIQUE.

Art. 1. Des notes.

En plain-chant comme en musique on se sert de certains signes appelés *notes* pour écrire une mélodie et indiquer une harmonie.

On appelle *mélodie* un chant, un air quelconque à une seule partie, ou la partie chantante d'un morceau harmonisé.

L'harmonie est le produit de plusieurs sons entendus ensemble, et formant ce qu'on appelle des accords.

Sept notes suffisent pour écrire une mélodie, ou une harmonie quelconque. Ces notes sont: *ut, ré, mi, fa, sol, la, si.*(1) Cette série de sept notes, avec la 1ère répétée à l'octave supérieure, prend le nom de *gamme*. Ces notes sont susceptibles d'être répétées à des octaves différentes, selon que les sons que l'on a à indiquer sont plus ou moins graves ou aigus. En style musical, la 1ère note de la gamme s'appelle tonique; la 2me, sus-tonique; la 3e, médiante; la 4e, sous-dominante; la 5e, dominante; la 6e, sus-dominante; et la 7e, sensible.

Les caractères ou signes que l'on emploie pour représenter les notes ne sont pas les mêmes en musique qu'en plain-chant.

---

(1) Les musiciens disent souvent *do* au lieu de *ut.*

En plain-chant on se sert de quatre sortes de notes: la *longue* ▬, la *note à queue* ▪, la simple *carrée* ▪ que nous appelons *commune* ou *brève* avec les anciens, et enfin la *semi-brève* représentée par un losange ◆ que l'on considère comme note de passage ou d'agrément. Comme durée, la note à queue vaut deux notes communes, et la longue en vaut trois. Toutefois, ces valeurs relatives ne sont pas d'une rigueur mathématique.

Dans le cours de notre ouvrage nous n'emploierons que la note commune. Notre but est d'indiquer l'harmonie applicable à toutes les éditions de plain-chant qui diffèrent plus ou moins entre elles. Nous nous bornerons donc aux notes proprement dites, et non à la durée de leur valeur.

Les caractères représentant les notes de musique sont nombreux selon la durée du son que l'on veut indiquer. Comme il n'entre pas dans le cadre de notre ouvrage de traiter de la musique proprement dite, mais bien de l'harmonie applicable à l'accompagnement du plain-chant, nous n'emploierons que la note ronde ou la note blanche pour représenter les sons.

Art. 2. Des portées.

La gravité ou l'élévation d'un son dépend de la position de la note qui indique ce son.

Une mélodie ou une harmonie étant une série de sons, les uns aigus, les autres graves, on se sert d'une sorte d'échelle formée par des lignes pour indiquer à quel degré, quel niveau doivent être placées les notes représentant les sons qu'il faut produire. De là, le nom d'*échelle diatonique* donné à l'ensemble des notes de la gamme. L'expression diatonique vient de deux mots grecs, *dia* à travers, *tonos* ton. Cet ensemble de lignes s'appelle portée, parcequ'il sert, pour ainsi dire, à porter les notes.

Ces lignes se comptent toujours de bas en haut.

Elles sont au nombre de cinq quand elles servent à écrire la musique. *Quatre* suffisent quand il s'agit du plain-chant, les mélodies du plain-chant ayant généralement moins d'étendue que celles de la musique.

On appelle *interligne* l'espace compris entre deux lignes.

Les notes se placent sur les lignes et dans les interlignes.

Quand les lignes de la portée ne suffisent pas pour placer les notes, on ajoute une ou plusieurs petites lignes supplémentaires.

Portée de musique.   Portée de plain-chant.

Avec lignes supplémentaires.

Art. 3. Des clés.

La *clé* est un signe qui se place au commencement de la portée, et sur une de ses lignes.

La clé donne son nom à la note placée sur la même ligne qu'elle, et détermine alors le nom des autres notes.

Pour écrire la musique on se sert de trois clés différentes: la clé de *sol*, la clé de *fa*, et la clé d'*ut*.

La clé de *sol* se pose sur la 2me ligne de la portée, et s'emploie pour la notation des parties aiguës.

La clé de *fa* se pose sur la 4me ligne, et s'emploie pour les sons les plus graves, et les parties de basse.

La clé d'*ut* se pose sur les quatre premières lignes, et n'est guères usitée que pour écrire de grandes partitions d'orchestre.

Le nom de la 1ère note étant déterminé par la clé, il est facile d'obtenir la dénomination des autres notes.

Pour écrire le Plain-chant on n'emploie que deux sortes des clés: la clé d'*ut*, et la clé de *fa*.

La clé d'*ut* se place sur la 2me, 3me, et 4me ligne de la portée.

La clé de *fa* se pose sur la 2me et la 3me ligne.

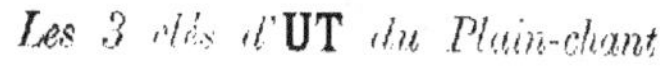

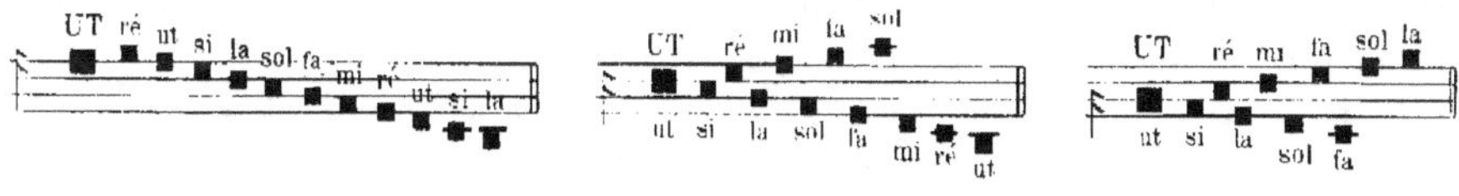

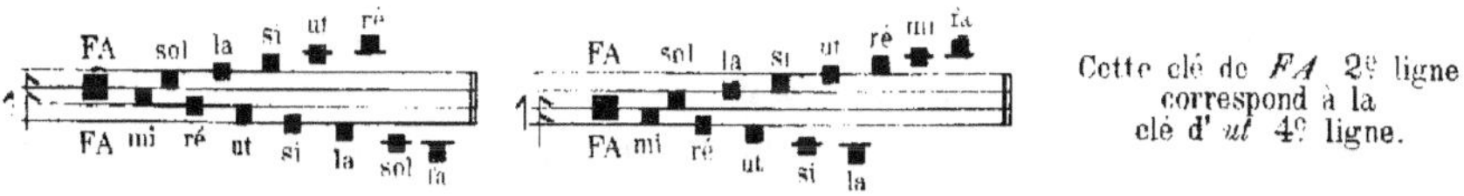

La musique et le plain-chant offrant une assez longue échelle de sons, on a imaginé ces différentes clés pour éviter l'emploi d'un trop grand nombre de lignes supplémentaires.

Nota. Nous exhortons vivement nos élèves qui ne connaissent point la musique à apprendre quand même les clés de *sol* et de *fa* particulières à la notation musicale. Cette étude, très-facile du reste, leur sera nécessaire pour la bonne interprétation de notre ouvrage.

1 *

CHAPITRE II.

DES ACCORDS.

NOTIONS PRÉLIMINAIRES.

Des intervalles.

On appelle *intervalle* la distance qui sépare deux sons quelconques, ou la distance d'une note à une autre.

L'intervalle prend différents noms, selon le nombre de degrés qui séparent une note d'avec une autre.

Exemples des différents intervalles.

En prenant à l'octave supérieure la note qui forme *seconde*, on aurait une intervalle de *neuvième*, la *tierce* deviendrait une *dixième*, etc.

La gamme est composée de sept notes, mais ne renferme pas pour cela sept tons pleins; elle ne contient que cinq tons et deux demi-tons.

Ces demi-tons sont entre le *mi* et le *fa*, et du *si* à l'*ut*.

Ceci étant posé, on comprendra facilement que les intervalles formés d'un même nombre de degrés ne sont pas pour cela toujours égaux; les uns sont *majeurs*, les autres *mineurs*, *justes*, *augmentés* ou *diminués*.

La **Seconde** *majeure* contient un ton plein, comme *ut-ré*, *fa-sol*; elle est *mineure* quand elle ne renferme qu'un demi-ton; exemple: *mi-fa*.

La **Tierce** *majeure* contient deux tons pleins; exemple: *ut-mi*, *fa-la*. La tierce *mineure* ne renferme qu'un ton et demi: *ré-fa*, *la-ut*.

La **Quarte** *juste* renferme 2 tons et 1 demi-ton: *ut-fa*. Elle est dite *augmentée* quand elle contient 3 tons pleins: *fa* grave à *si* aigu; dans ce cas elle se nomme *triton* et est exclue du plain-chant et de son accompagnement à cause de sa dureté.

Les **Quintes** sont toutes *justes*, et renferment 3 tons et 1 demi-ton: *ut* grave à *sol* aigu. Une seule prend le nom de *diminuée* parcequ'elle ne renferme que 2 tons et 2 demi-tons; c'est l'intervalle de *si* grave à *fa* aigu.

La **Sixte** *majeure* renferme 4 tons et 1 demi-ton: *ut* grave à *la* aigu. Elle est *mineure* avec 3 tons et 2 demi-tons: *mi* grave à *ut* aigu.

La **Septième** *majeure* est de 5 tons et 1 demi-ton: *ut* grave à *si* aigu. Elle est *mineure* avec 4 tons et 2 demi-tons: *ré* grave à *ut* aigu.

L'**Octave** est toujours *juste*, à moins que l'une de ses notes soit altérée par un *dièze*, un *bémol*, ou un *bécarre*.

Des signes altératifs.

Le **dièze**, représenté par le signe ♯, sert à *hausser* d'un demi-ton la note devant laquelle il est placé. On ne le rencontre pas dans la mélodie du plain-chant si ce n'est dans certaines éditions par exception.

Le **signe** ♭ appelé bémol sert au contraire à *baisser* d'un demi-ton la note qu'il affecte. En plain-chant on le rencontre souvent devant la note *si*.

Le **bécarre**, figuré par le signe ♮, détruit l'effet du dièze et du bémol, et rend à la note qu'il affecte son intonation naturelle.

Comme nous le verrons plus tard, on se sert de dièzes et de bémols pour transposer les morceaux dans un autre ton.

DES ACCORDS.

On appelle **accords** la réunion de plusieurs sons entendus simultanément, et produisant des effets agréables à l'oreille.

Nous ne parlerons point dans cet ouvrage des nombreux accords qui constituent le fonds de la science musicale. Notre but étant de donner une harmonie convenable à l'accompagnement du plain-chant, nous ne traiterons que des accords qui lui conviennent, c'est-à-dire: 1°, de l'*accord parfait*, majeur et mineur; 2°, de l'accord de *quinte diminuée*; et 3°, de celui de *septième dominante*. Nous n'envisagerons ces différents accords que dans la tonalité d'*ut* majeur, et de *la* mineur.

Art. I.   De l'accord parfait.

L'*accord parfait* se compose de trois sons, savoir: le son fondamental, sa tierce, et sa quinte juste.

Il est *majeur* quand la 1ère tierce qu'il renferme est majeure; il est *mineur* quand il commence par une tierce mineure.

Lorsqu'on écrit à quatre parties, c'est-à-dire, que l'on fait entendre quatre sons pour chaque accord, on double une des trois notes du dit accord, soit la basse, la tierce ou la quinte: C'est le mode que nous avons adopté dans notre genre d'accompagnement, sauf les cas où il a fallu éviter les *quintes* et les *octaves* de suite, comme nous le verrons au chapitre suivant. Nous présenterons donc tous nos accords avec quatre notes à de rares exceptions près.

Les notes constituant un accord se posent de plusieurs manières, tantôt à une partie intermédiaire, et tantôt à la plus aiguë, comme il suit.

ACCORD PARFAIT D'*UT MAJEUR*.   ACCORD PARFAIT DE *LA MINEUR*.

| 1ère position | 2me position | 3me position | 1ère position | 2me position | 3me position |

Pour accompagner le plain-chant entendu à la basse, on emploie l'accord parfait soit majeur, soit mineur dans ces trois différentes positions.

Ce qui vient d'être dit concerne l'accord parfait à son *état direct*; mais cet accord, comme tous les autres du reste, a des renversements.

Un accord est renversé quand la basse ne fait plus entendre le son fondamental qui supporte l'harmonie, mais bien l'une ou l'autre note de son accord.

L'accord parfait étant composé de trois notes a par conséquent deux renversements dont nous allons parler.

1er RENVERSEMENT DE L'ACCORD PARFAIT
ou accord de Sixte.

Les notes qui composent cet accord sont absolument les mêmes que celles de l'accord primitif dans les parties supérieures, mais la note de la basse est la *tierce* de cet accord primitif au lieu d'en être la note fondamentale.

ACCORD DE *SIXTE* EN *UT MAJEUR*.   ACCORD DE *SIXTE* EN *LA MINEUR*.

| 1ère position | 2me pos. | 3me position | 1ère position | 2me pos. | 3me position |
| bon meilleur | à éviter | passable meilleur | bon meilleur | à éviter | passable meilleur |

Quelle que soit sa position, cet accord est préférable quand la note de la basse n'est pas répétée à la main droite.

La 1ère position est employée sans difficulté dans l'accompagnement du plain-chant.

La 2me position est à rejeter à cause de sa fadeur.

La 3me est praticable quand la main droite ne répète pas la note de la basse.

2me RENVERSEMENT DE L'ACCORD PARFAIT
ou accord de Quarte.

Cet accord se compose des mêmes notes que celles de son générateur, l'accord parfait; mais la note de la basse est la *quinte* de l'accord primitif au lieu d'en être sa fondamentale.

ACCORD DE *QUARTE EN UT MAJEUR.*   ACCORD DE *QUARTE EN LA MINEUR.*

Cet accord est exclu de l'accompagnement du plain-chant à cause de sa dureté.

On pourrait cependant l'employer à sa 3me position si la note qui fait *quarte* avec la basse était déjà entendue dans l'accord précédent et continuée encore dans l'accord suivant. Cette note ainsi préparée et résolue produirait moins de dureté dans son effet réel, comme dans ces exemples.

Cas où l'on pourrait employer l'accord de *quarte.*

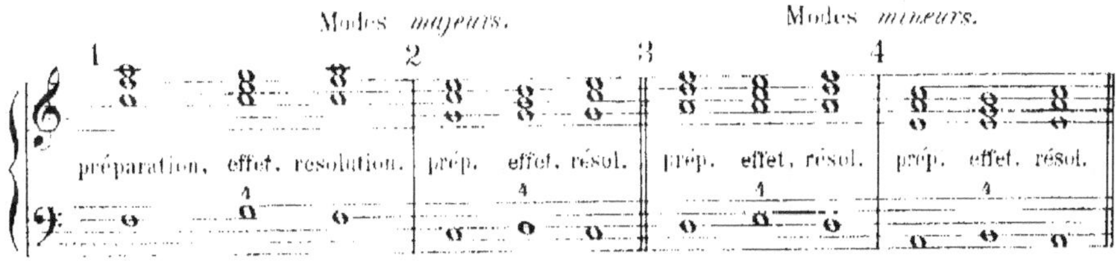

Cependant, dans le cours de notre ouvrage, nous n'avons employé ainsi préparé que l'accord de *quarte* du 2me exemple, dans certains passages des 7mes, 8mes et 12mes modes. La tonalité des dits passages n'est pas toujours bien déterminée; et parfois on se demande si sur le *ré* du chant on doit faire l'accord parfait majeur ou mineur non renversé, c'est-à-dire, avec les notes *ré, fa, la.* On remplace alors cet accord sur le *ré* par celui de *quarte, ré, sol, si, ré;* et le *fa* dièze ou naturel qui fait l'objet du doute n'est point entendu. Nous avons désigné cet accord par le chiffre 4.

Art. 2. De l'accord de Quinte diminuée.

L'accord de *quinte diminuée* se pose sur la 7me note ou sensible de toute gamme majeure. Il se compose de sa note *fondamentale,* de sa *tierce mineure,* et de sa *quinte diminuée.* Quand on écrit à quatre parties, on double à une partie supérieure la note fondamentale de la basse. Le voici avec ses 3 positions et ses 2 renversements.

L'accord de *quinte diminuée* étant un accord passager manque de solidité, et n'est employé dans l'accompagnement du plain-chant qu'à la 1ère *position* de son 1er *renversement*.

Art. 3. Accord de Septiéme dominante.

Cet accord est composé de quatre sons formant trois tierces dont la plus grave est majeure et les autres mineures. C'est un accord de *quinte diminuée* auquel on a ajouté une tierce majeure au grave. Il se pose sur la dominante de la gamme, et comme sa note aiguë fait 7me avec la plus grave de l'accord, de là son nom de 7me de dominante, ou simplement 7me dominante.

Cet accord étant composé de 4 notes sans la doublure de sa fondamentale, doit avoir nécessairement 4 positions et 3 renversements; en voici l'exposé.

L'accord de 7me dominante étant dissonnant a besoin d'être résolu, c'est-à-dire, qu'il appelle un autre accord.

Dans notre ouvrage nous ne l'avons employé qu'à son 1er renversement et à sa 4me position. C'est l'accord qui figure à toutes les 2mes notes de nos formules secondaires majeures.

Résumé des accords employés dans notre ouvrage.

L'accord *parfait* majeur et mineur *à l'état direct* et à ses 3 positions.

L'accord *de sixte* à sa 1ère et 3me position.

L'accord *de quarte* à sa 3me position, pourvu que la note faisant quarte soit préparée et résolue.

L'accord *de quinte diminuée* à son 1er renversement et sa 1ère position.

L'accord *de 7me dominante* à son 1er renversement et sa 4me position, et dans le cas où la 7me serait, sinon préparée, au moins résolue.

Sur la note finale d'un morceau, et même d'une phrase, on n'emploie jamais que l'accord *parfait* à l'état direct. A la rigueur l'accord de *sixte* peut s'employer à sa 1ère position.

CHAPITRE III.

FAUTES À ÉVITER.

Pour être irréprochable, nous allons faire l'exposé des différentes fautes d'harmonie à éviter dans l'accompagnement du plain-chant.

Nous parlerons 1° des *successions de quintes*, ou *quintes directes*; 2° des *successions d'octaves*, ou *octaves directes*; 3° des *successions dures*, ou *mauvaises relations*.

Mais, avant d'aborder ces trois points, il est bon de parler des différents mouvements employés en harmonie. Ces mouvements sont au nombre de trois: le *direct*, l'*oblique*, et le *contraire*.

Le mouvement *direct* ou *semblable* est celui que font deux ou plusieurs parties qui montent ou descendent ensemble. *(Exemples N° 1.)*

Le mouvement *oblique* a lieu quand des parties montent ou descendent tandis qu'une ou plusieurs autres restent en place. *(Exemples N° 2).*

Le mouvement *contraire* est celui que font deux ou plusieurs parties dont les unes montent tandis que les autres descendent. *(Exemples N° 3).*

Le mouvement *contraire* est le plus élégant des trois. C'est celui par lequel on évite aussi les fautes, et qui en même temps offre le plus de ressources à l'harmonie. C'est celui que nous avons presque toujours adopté dans cet ouvrage.

Art. I.   Quintes défendues.

Nous traiterons des quintes *directes* et des quintes *cachées*.

§ 1.   QUINTES DIRECTES.

On appelle *quintes directes* deux ou plusieurs quintes qui se produisent consécutivement par mouvement direct entre deux mêmes parties.

1° Il est expressément défendu de faire entendre de suite *deux quintes* entre la *basse* et la *partie aiguë*, soit que ces parties montent ou descendent à la fois d'un seul ou de plusieurs degrés *(Exemples N° 1).*

Cependant *deux quintes de suite* sont tolérées, même entre ces parties, quand l'une est *juste* et l'autre *diminuée*, pourvu que la quinte juste soit la première. *(Exemples N° 2).*

2⁰ Entre la *basse* et *une partie intermédiaire*, il est défendu de faire *deux quintes de suite*, quand chacune de ces parties franchit *un seul degré à la fois*. *(Exemples N? 1.)*

Il est très-facile d'éviter ces *quintes* en donnant une autre position aux notes des parties intermédiaires, tout en conservant le même accord. On supprime une note que l'on remplace par une autre. C'est cette note supprimée que, dans les exemples suivants, nous avons remplacée par un point noir, afin de faire remarquer à nos élèves la faute qui aurait eu lieu en touchant cette note.

3⁰ Entre la *basse* et *une partie intermédiaire* on tolère *deux quintes de suite* quand chacune de ces parties franchit *plusieurs degrés à la fois*. Il est mieux cependant de les éviter. *(Ex. N? 2.)*

4⁰ Entre la *partie aiguë* et une *partie intermédiaire* on tolère *deux quintes de suite* quand, de son côté, la *basse* arrive sur la *quinte* de la *partie aiguë*, après avoir franchi *un seul degré par mouvement contraire*. *(Exemples N? 3.)*

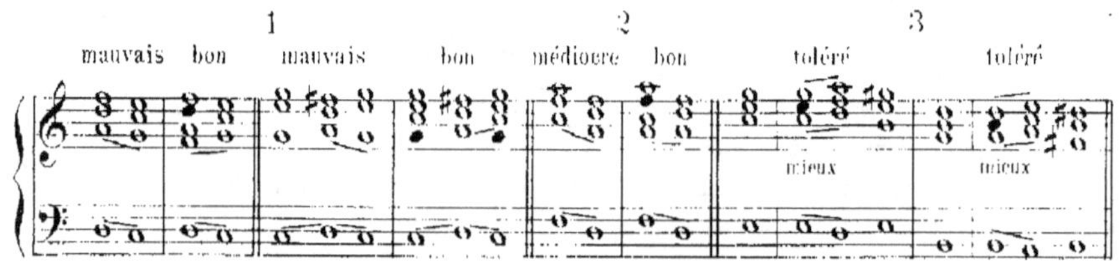

§ 2. QUINTES CACHÉES.

Il est expressément défendu de faire arriver *par mouvement semblable* la *partie aiguë sur la quinte de la basse*, c'est ce qu'on appelle *quinte cachée*. *(Voir les exemples N? 1.)*

Exceptions. On permet cependant les *quintes cachées* dans deux cas.

1⁰ Quand la partie aiguë arrive sur la quinte de la basse en franchissant seulement *un degré*. *(Voir les Exemples N? 2.)*

2⁰ Quand la basse monte ou descend *d'un demi-ton* seulement. *(Exemples N? 3.)*

Dans ces exemples on remarquera des notes doubles sur le même degré. Ces notes doubles seraient communes à deux parties si ces deux parties étaient faites par des voix ou différents instruments; mais sur le clavier ces notes n'en font qu'une seule.

Art. 2. Octaves directes.

Les *octaves directes* ont lieu quand deux parties reproduisent consécutivement deux ou plusieurs mêmes notes.

1⁰ Il est expressément défendu de faire entendre *par mouvement direct* deux octaves consécutives *entre la basse et la partie aiguë*. *(Exemples N? 1.)*

2⁰ Il est permis de faire ces sortes d'octaves *par mouvement contraire*, surtout quand l'une finit un verset, et l'autre commence le verset suivant. *(Voir les exemples N? 2.)*

On pourrait à la rigueur faire ces sortes d'octaves, même par *mouvement semblable,* quand l'une finit un verset et l'autre commence le verset suivant. parcequ'il y a là deux phrases bien distinctes l'une de l'autre.

Entre les parties *intermédiaires* et la *basse* la plupart des auteurs tolèrent les *octaves directes,* mais nous conseillons de les éviter. Rien n'est plus facile. On supprime à **la partie inter-**médiaire la note qui ferait *octave* avec la basse; d'autre part, on reproduit au pouce de la main droite la note aiguë de l'accord à son octave inférieure. *(Voir les exemples suivants.)*

L'harmonie de nos morceaux est disposée de telle sorte que les *quintes* et *octaves directes* à éviter ne se présentent point à de rares exceptions près. Dans ce cas nos élèves sauront facilement les éviter. Quand la partie aiguë fait avec la basse une succession de *sixtes* il faut éviter les *octaves directes* entre la partie intermédiaire et la basse. Dans une succession de *tierces* c'est contre les *quintes* qu'il faut se prémunir.

Art. 3. Successions chromatiques.

La *succession chromatique* a lieu quand une note à son état naturel est immédiatement affectée d'un signe altératif ou *vice versa;* comme, par exemple, *ut naturel* suivi d'*ut* ♯, ou *ut* ♯ suivi d'*ut naturel, si* ♭ suivi de *si* ♮.

Il y a des cas où ces sortes de successions ne sont point permises en harmonie, et d'autres où elles le sont.

§ 1. SUCCESSIONS CHROMATIQUES NON PERMISES
ou
MAUVAISES RELATIONS.

Quand une *même note* fait partie de *deux accords consécutifs* ayant entre eux une certaine con-nexion, et que cette note est altérée dans un accord, et non dans l'autre, il y a alors *mauvaise relation.*

§ 2. SUCCESSIONS CHROMATIQUES PERMISES.

1° Quand le chant est fait par la basse, comme dans ce traité, il est très-permis de faire à la partie aiguë *trois successions chromatiques* en *descendant*, et non *en montant*, parceque, dans ce dernier cas, la *septième* ne serait pas résolue. *(Voir les exemples suivants.)*

2° Quand le chant est fait par la basse, certains auteurs, Félix Clément entre autres, permettent une *succession chromatique*, quand la note qui subit l'altération se trouve transportée à la partie aiguë, pour se résoudre ½ ton plus haut sur la note suivante, comme dans ces exemples.

3° En toutes circonstances, une *succession chromatique* à la même partie est permise, quand il y a une ou plusieurs autres parties qui restent en place, comme dans les exemples suivants.

DEUXIÈME PARTIE.

DES FORMULES.

NOTIONS PRÉLIMINAIRES.

Emploi des formules.

Chaque morceau de chant a, sans doute, un caractère qui lui est propre, et, pour l'ordinaire, se rapproche plus ou moins d'une tonalité musicale. Mais, une chose essentielle à noter, c'est que **chaque morceau se compose de phrases, et même de fragments de phrases de tonalités différentes.** Ces tonalités peuvent se réduire à cinq, trois majeures, *ut, fa, sol*, et deux mineures, *ré* et *la*. Nous avons établi des formules pour donner une harmonie convenable à chacune de ces tonalités. Avec quelques accords supplémentaires, elles suffisent pour accompagner tous les morceaux du plain-chant.

Ces cinq formules feront la matière du premier chapitre de cette deuxième partie; nous les appelerons *formules principales*. Quand elles seront apprises suffisamment, on pourra accompagner correctement tous les morceaux de notre ouvrage, en s'en tenant toutefois à l'harmonie indiquée *sous* le chant.

Pour amener nos élèves à donner à leur accompagnement la plus grande variété possible, nous avons établi dans le second chapitres cinq autres formules dans la même tonalité que les formules principales. A ces nouvelles formules nous avons donné le nom de *formules secondaires*. Il faut les connaitre pour pouvoir jouer l'harmonie indiquée par les chiffres posés *au-dessus* des notes.

Emploi des lettres.

Dans l'accompagnement d'un morceau, quand il faut indiquer quelle tonalité convient à telle ou telle phrase, nous prenons par abréviation la première lettre de la formule qui répond à cette tonalité; et, cette lettre, nous la plaçons au-dessus ou au-dessous de la première note qui commence la phrase à la quelle convient cette tonalité.

Les formules *majeures* sont désignées par une lettre *forte*, et les *mineures* par une lettre *faible*. Ainsi la lettre **U** indique qu'il faut prendre la formule **UT** majeur; F, **Fa** majeur; **S, SOL** majeur; R, **RÉ** mineur; et L, **LA** mineur. Dans l'harmonisation de nos morceaux, la lettre est *droite*, quand elle indique, non seulement la formule à prendre, mais la note elle-même que la partie aiguë doit frapper de suite; elle est *courbée*, quand elle indique seulement la tonalité de la formule dont on fait le choix.

A la rencontre d'une autre lettre on change de formule pour prendre celle qui est indiquée par cette nouvelle lettre.

CHAPITRE I.

DES FORMULES PRINCIPALES.

Nous n'avons pas établi toutes nos formules principales dans le même ordre de notes.

Ainsi, la formule en UT majeur commence à l'*ut* grave, et monte directement à l'*ut* aigu, pour descendre ensuite à l'*ut* grave.

La formule en RÉ mineur, parcourt dans le même ordre toutes les notes comprises entre le *ré* grave et le *ré* aigu.

Les formules en FA majeur, SOL majeur, et LA mineur sont établies différemment. Elles aussi commencent à la tonique, mais ne montent qu'à la *sixte* supérieure, puis ensuite descendent d'un peu plus d'une octave pour remonter enfin à la tonique.

Deux raisons nous ont fait procéder ainsi:

1° Pour que les mains de l'accompagnateur occupent toujours à peu près la même position sur le clavier;

2° Pour que la disposition de nos formules soit en rapport avec celle du mode que les dites formules servent à accompagner le plus souvent.

Ainsi, la formule en UT majeur sert à accompagner le plus souvent les morceaux du XIII° mode dont toutes les notes sont généralement comprises entre l'*ut* grave, sa tonique et l'*ut* aigu. Il est bien rare que les dites notes dépassent cette limite; et c'est à cause de cette exception que, pour venir en aide à nos élèves, nous avons donné à chacune de nos formules deux notes de plus que l'étendue de la gamme.

La formule en FA majeur sert le plus souvent à accompagner le VI° mode dont la tonique est bien *fa;* mais la note la plus basse est ordinairement l'*ut* grave, rarement le *si♭*, et la plus élevée l'*ut* aigu, et quelquefois même le *ré*. Voilà pourquoi notre formule en FA monte au *ré*, et descend jusqu'au *si♭*, et ainsi des autres formules.

Nota. — *Nous recommandons à nos élèves d'éviter de saccader les notes, soit à la main droite, soit à la gauche; car le plain-chant bien exécuté doit toujours être coulé avec soin.*

On suivra autant que possible le doigté indiqué par les chiffres posés dans nos formules avant les notes de chaque accord.

FORMULE PRINCIPALE

EN

UT MAJEUR.

Cette formule s'emploie particuliérement pour accompagner le XIIIe mode, et généralement toutes phrases ou passages en *ut* qui pourraient se rencontrer dans les autres modes.

La main droite touche sur le clavier les notes de la première portée qui est écrite en clé de *sol*. La main gauche, de son côté, touche les notes de la clé de *fa*, et double toujours le chant en faisant une note avec le pouce et l'autre avec le petit doigt.

Sur le *ré* le plus élévé du chant, le pouce de la main gauche se rencontre avec celui de la main droite; la main droite alors ne touche que deux notes puisque la troisième est commune avec la main gauche.

En voyant l'exposé de nos formules on s'étonnera peut-être de l'écart qui éxiste entre la main droite et la gauche dans les notes graves du chant, et du rapprochement de ces deux mains dans les notes les plus élevées de la basse. En pratique, dans le courant, d'un morceau, cet écart et ce rapprochement n'ont pas lieu généralement dans l'harmonie supérieure, mais plus souvent dans l'harmonie inférieure. Il ne faut pas oublier que nous avons recherché le mouvement contraire qui est le plus élégant, et celui qui offre en même temps le plus de ressources harmoniques, et celui enfin par lequel on évite les fautes de *quintes* et *d'octaves directes*.

De la manière d'étudier.

Les élèves qui n'ont point encore touché l'orgue ni le piano feront bien d'étudier nos formules par petits fragments de trois ou quatre notes, à la main droite d'abord, puis à la gauche, pour les jouer ensuite aux deux mains à la fois.

C'est ainsi qu'ils étudieront chacun des deux fragments suivants. Ils ne passeront au second que quand ils sauront parfaitement le premier.

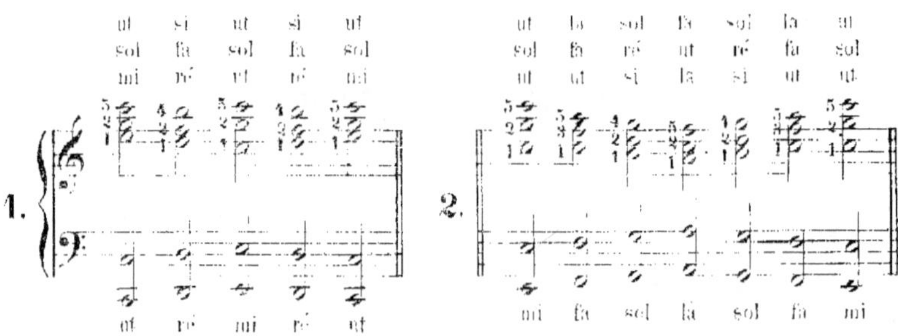

Quand l'élève aura étudié suffisamment chacun des deux fragments ci-dessus établis, il les réunira tous deux ensemble comme il suit.

Après avoir joué plusieurs fois cet exercice on étudiera ce dernier fragment de la formule.

Quand l'élève possédera ce dernier fragment, il jouera entièrement la formule telle que nous l'avons établie en premier lieu.

Ensuite, sans nullement s'inquiéter des lettres posées au-dessus et au-dessous du chant, mais en se bornant simplement à la formule en **UT** majeur qu'il vient d'étudier, l'élève jouera les exercices suivants:

1° *Kyrie* de la Messe des Anges . . . . *page* 51

2° Tous les morceaux du XIII° mode, le *Salve Regina* excepté . . . . . *depuis la page* 86

Plus tard nous donnerons à ces mêmes morceaux une harmonie plus riche en employant des accords qui appartiennent à d'autres formules.

FORMULE PRINCIPALE

EN

FA MAJEUR.

Cette formule s'emploie particuliérement pour accompagner le VI⁰ mode, comme aussi le V⁰ non transposé, et généralement pour toutes les phrases ou passages en FA qui pourraient se rencontrer dans les autres modes.

On pourra étudier cette formule par fragments comme la précédente, en procédant comme il suit: 1⁰ *fa, sol, la, sol, fa;* 2⁰ *la si♭, ut, ré, ut, si♭, la;* 3⁰ ces deux fragments réunis *fa, sol, la, si♭, ut, ré, ut, si♭, la, sol, fa;* 4⁰ *fa, mi, ré, ut, si♭, ut, ré, mi, fa;* et 5⁰ enfin, la formule toute entière.

Quand l'élève possédera parfaitement cette formule en FA majeur, il jouera comme exercices, les morceaux ci-après indiqués sans tenir aucun compte des lettres posées au-dessus ou au-dessous des notes, mais en se bornant purement à la formule en FA majeur.

Exercices.

L'élève jouera ensuite les morceaux suivants, en prenant l'harmonie indiquée par les lettres posées *au-dessous* de la portée. Cette harmonie inférieure présente une combinaison de la formule en UT majeur *avec* celle de FA.

Autres exercices.

FORMULE PRINCIPALE

EN

SOL MAJEUR.

Les accords de cette formule sont employés pour l'accompagnement des phrases ayant le caractère de SOL *majeur* qui se rencontrent principalement dans le VIIIe mode.

Il est nécessaire aussi de savoir cette formule pour la transposition.

Dans la plupart des éditions des livres de plain-chant, on ne rencontre jamais le *fa♯*. On le fait néanmoins en certaines localités dans les passages où l'oreille semblerait le demander, comme, par exemple, dans la terminaison des strophes du *Lauda Sion*, le chant de l'*O Salutaris*, et autres passages où le *si* naturel est en relation avec le *fa*.

On pourra étudier cette formule par fragments comme les précédentes.

Quand l'élève possédera suffisament cette formule, il jouera les morceaux suivants en prenant l'harmonie inférieure, c'est-à-dire, celle qui est indiquée par les lettres posées *au-dessous* de la portée.

Exercices.

FORMULE PRINCIPALE

EN

RÉ MINEUR.

Cette formule sert à accompagner particuliérement le I⁰ et le II⁰ mode, et généralement toutes les phrases en RÉ *mineur* qui se rencontrent dans les autres modes.

Cette formule peut être étudiée par fragments comme les précédentes.

L'élève jouera les exercices suivants en se bornant purement à la formule en RÉ mineur.

Exercices.

Autres exercices.

Jouer ensuite les morceaux suivants en prenant l'harmonie indiquée par les lettres posées *au-dessous* de la portée.

2*

FORMULE PRINCIPALE

EN

LA MINEUR.

Cette formule sert à accompagner particulièrement les morceaux du Xe mode, et en général toutes les phrases en LA *mineur* qui se rencontrent dans les autres modes.

On pourra étudier cette formule par fragments comme les précédentes.

Exercices.

Tous les morceaux qui suivent s'accompagnent avec l'harmonie indiquée par les lettres posées *au-dessous* de la portée.

CHAPITRE II.

DES FORMULES SECONDAIRES.

Avec les cinq formules principales que nous avons établies dans le chapitre précédent nos élèves peuvent accompagner convenablement tous les morceaux sans exception, écrits dans la seconde partie de notre ouvrage, en ne suivant toutefois que l'harmonie indiquée par les lettres posées *au-dessous* des notes.

L'harmonie figurée par les lettres qui sont *au-dessus* de ces mêmes notes produit un accompagnement beaucoup plus riche et plus varié. Mais, pour l'obtenir, il faut étudier les cinq formules secondaires qui font l'objet de ce chapitre. Ces formules sont écrites dans les mêmes tonalités que les premières. Chacune d'elles, comme nous l'avons dit, est indiquée par la même lettre que celle de la formule principale du ton auquel elle correspond, avec le petit chiffre 2 posé après la lettre comme il suit: U², F², S², R², L².

Quand, au lieu d'un fragment de formule, il se présente un accord isolé, nous ne renvoyons point à la formule dans laquelle on pourrait le trouver; nous avons cru plus simple d'adopter le procédé suivant pour faciliter la mémoire de nos élèves: Une lettre droite indique comme toujours la note aiguë de l'accord; mais quand cette note aiguë doit être la *tierce* de la basse, nous nous servons du chiffre 3: et, enfin, quand cette note doit donner la *quinte*, nous posons le chiffre 5. Quand l'accord doit être *majeur*, le chiffre employé est *fort*; s'il est *mineur*, le chiffre est *faible*, comme dans le tableau suivant. Pour désigner l'accord de **SI** à sa 1ère position, nous avons pris la lettre **I**, et non pas **S** pour ne pas confondre cet accord avec celui de **SOL**.

FORMULE SECONDAIRE

EN

UT MAJEUR.

1ère Remarque. Sur la note *sensible* de toutes nos formules majeures secondaires nous faisons un accord de 7me *dominante* qui doit toujours se résoudre sur la note suivante: la sensible de la *basse* monte à la *tonique*, tandis que la note aiguë qui forme 7me descend de $\frac{1}{2}$ ton.

2me Remarque. Quand, dans le cours d'un morceau on emploie une formule secondaire, et que la médiante du chant fait par la basse ne monte pas immédiatement à la sous-dominante, il est mieux de ne pas doubler la note aiguë au pouce de la main droite qui alors doublera la note de la basse, ou la supprimera. *(Voir l'exemple ci-après.)*

Avant de faire des exercices se rapportant purement à cette formule, nous allons de suite établir la formule secondaire en **FA** *majeur*, qui sera suivie de plusieurs exercices où l'on rencontre les deux formules combinées.

FORMULE SECONDAIRE

EN

FA MAJEUR.

Exercices.

FORMULE SECONDAIRE

EN

SOL MAJEUR.

Exercices.

FORMULE SECONDAIRE

EN

RÉ MINEUR.

Exercices.

FORMULE SECONDAIRE

EN

LA MINEUR.

Exercices.

TROISIÈME PARTIE.

DES MODES DU PLAIN-CHANT ET DE LEUR ACCOMPAGNEMENT.

CHAPITRE Ier.

CARACTÈRE DE CHAQUE MODE.

La musique n'admet que deux modes, le *majeur* et le *mineur*.

Le *majeur* a pour type la gamme ordinaire ayant l'*ut* pour point de départ. On l'appelle *majeur* parce qu'il commence par une *tierce majeure*: UT-MI.

Le mode *mineur* a aussi pour type la gamme ordinaire, mais commençant par le *la*. Il débute par une *tierce mineure*: LA-UT.

Le *Plain-chant*, de son côté, compte 14 modes dont le caractère diffère 1° par la *tonique* ou *finale* de chacun d'eux; 2° par la *disposition de leurs phrases de chant*; 3° par leur *dominante*.

Art. 1. Finales des modes.

On a pris pour point de départ chacune des notes de la gamme pour servir de base à des modes d'un caractère tout particulier, variant selon l'ordre dans lequel se trouve placés les *tons*, et les *demi-tons*. Si cette note n'est pas régulièrement le point de départ du mode, elle en est toujours la finale; c'est pourquoi on lui donne généralement le nom de *finale* ou bien de *tonique*.

Ainsi, en prenant *ré* pour point de départ, on obtient la gamme N° 1 qui suit, et dont les *demi-tons* se trouvent entre la 2me et la 3me note, et entre les 6me et 7me.

En commençant la gamme au *mi*, les *demi-tons* n'occupent plus le même ordre; ils se trouvent du 1er au 2me degré, et du 5me au 6me, comme l'exemple N° 2.

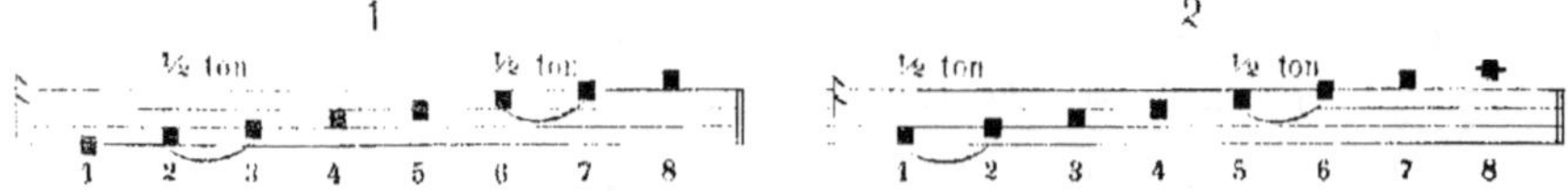

Art. 2. Disposition des phrases de chant.

La disposition des phrases de chant donne encore un nouveau caractère aux modes. Ou ces phrases sont toutes écrites *au-dessus* de la finale, comme l'indique l'exemple A: ou bien elles sont *au-dessus* et *au dessous* de cette tonique ou finale, comme l'indique l'exemple B qui suit:

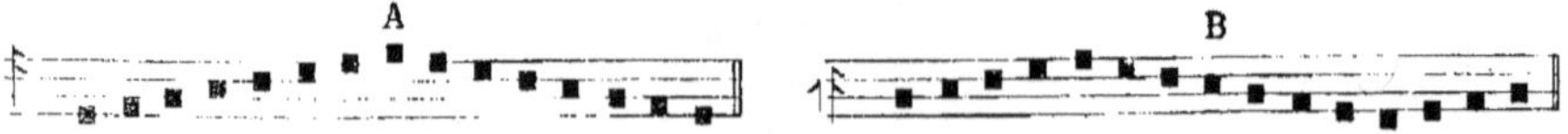

Les modes qui ont toutes leurs phrases *au-dessus* de leur tonique s'appellent modes *primitifs, authentiques,* ou *impairs.*

Les modes qui ont leurs phrases *au-dessus* et *au-dessous* de leur tonique s'appellent *dérivés, plagaux* ou *pairs.*

Art 3. Dominante des Modes.

La *dominante* est la note, non pas la plus élevée d'un morceau, mais celle qui dans la psalmodie et la mélodie revient le plus souvent, celle sur laquelle, après la tonique, se font le plus naturellement les repos.

Toutes les notes de la gamme peuvent être *dominantes,* excepté la note *si* qui est essentiellement variable. Dans ce cas c'est l'*ut* qui devient dominante.

Tout mode *authentique* ou *impair* a pour dominante la *quinte* supérieure à la tonique. Tout mode *plagal* ou *pair* a sa dominante *deux degrés* plus bas que la dominante du mode *authentique* correspondant.

Voici l'échelle diatonique de chacun des modes du plain-chant.

La *dominante* est posée après la clé. La *finale* est figurée par une note double.

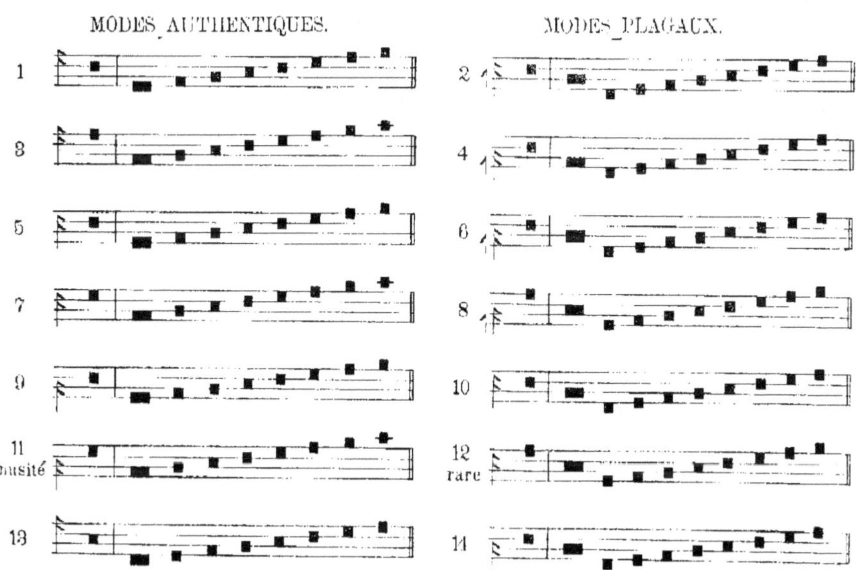

La finale est donc toujours la même dans un mode *authentique* et son *plagal.*

Chaque mode a environ une octave d'étendue. Dans les modes *authentiques* cette étendue est comprise entre la *finale* et *son octave supérieure.* Dans les modes *plagaux* cette gamme commence une *quarte au-dessous de la tonique,* et se développe *jusqu'à l'octave supérieure de cette quarte.*

Il y a des modes qui ont l'étendue d'un authentique et de son plagal, c'est pourquoi on les appelle *mixtes;* tels sont les chants du *Dies iræ,* de la *Prose de Pâques,* de *Lauda Sion.*

CHAPITRE II.
DE L'ACCOMPAGNEMENT DE CHAQUE MODE.

1er MODE.

Finale RÉ, dominante LA. Il se rapproche du ton musical RÉ mineur.

PRINCIPAUX MEMBRES DE PHRASES
qui entrent dans la composition.

Une même phrase est harmonisée de différentes manières; et pour point de départ de notre harmonie nous prenons sa 1re note sur laquelle un accord est successivement présenté dans ses différentes positions.

Phrases en RÉ mineur.

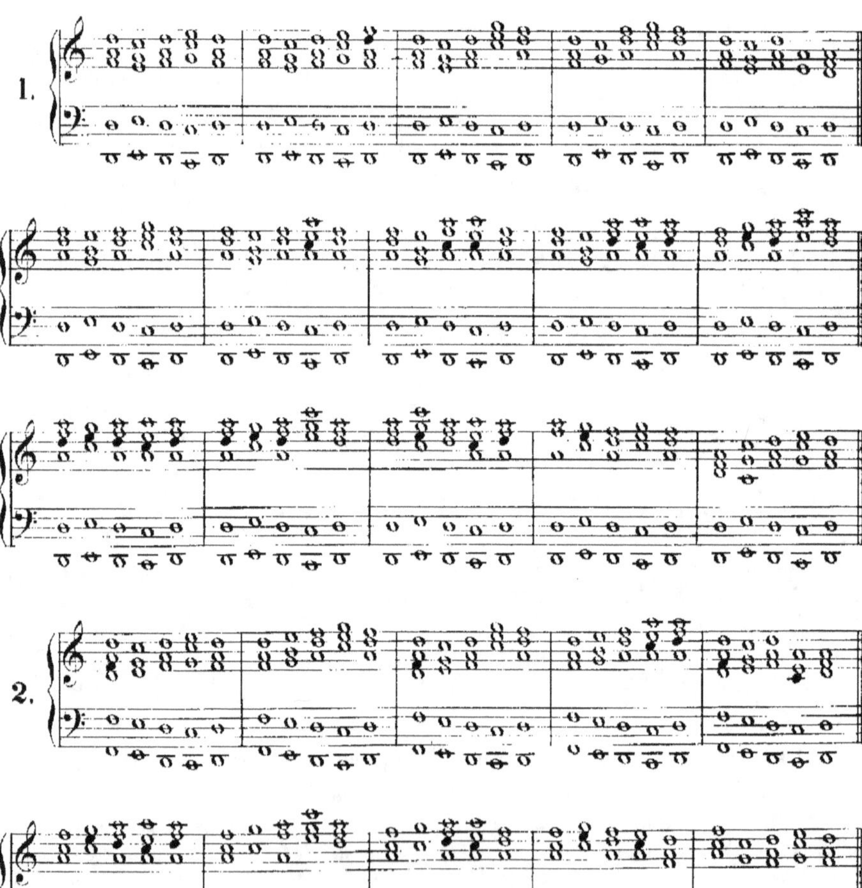

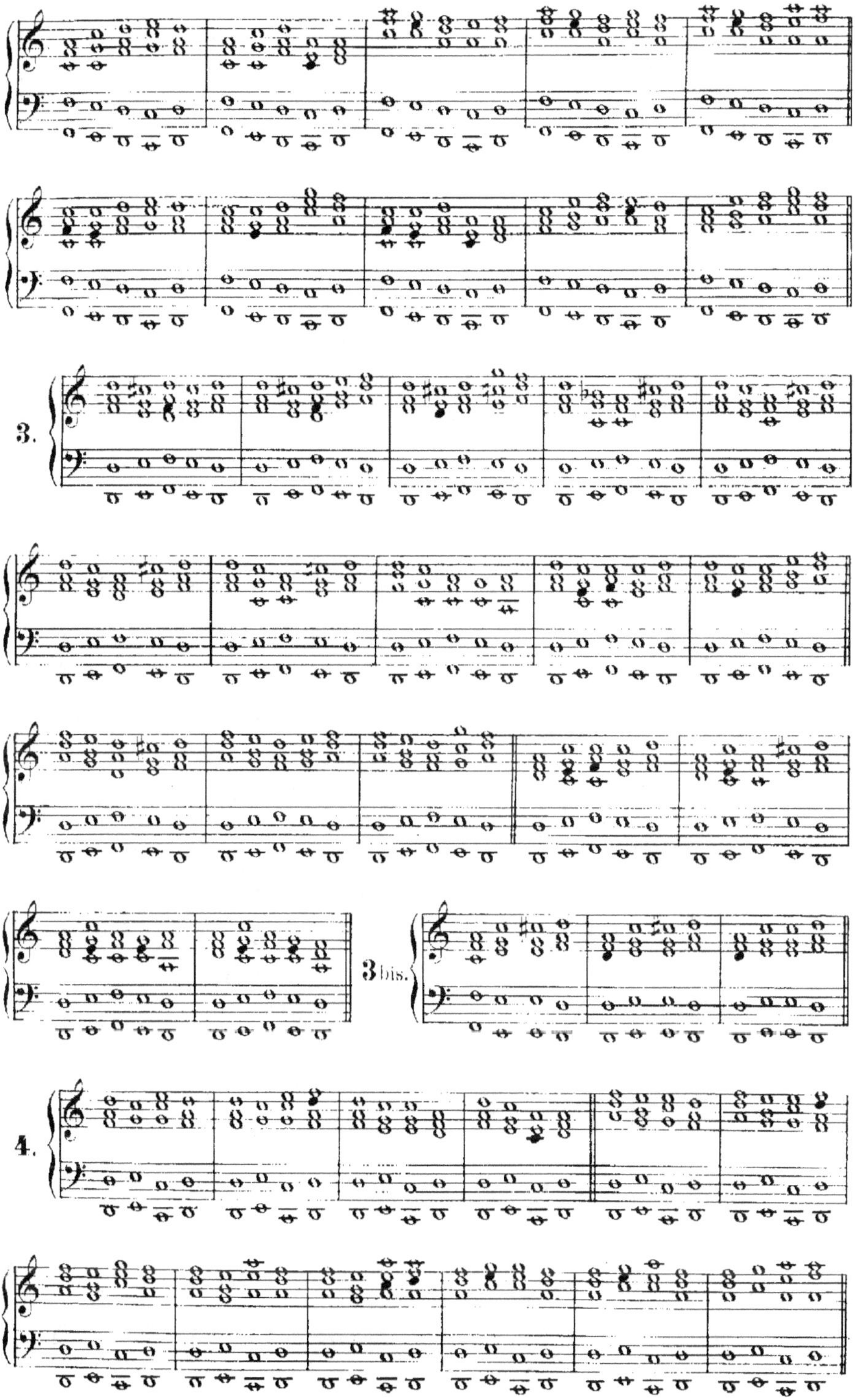

3.

3bis.

4.

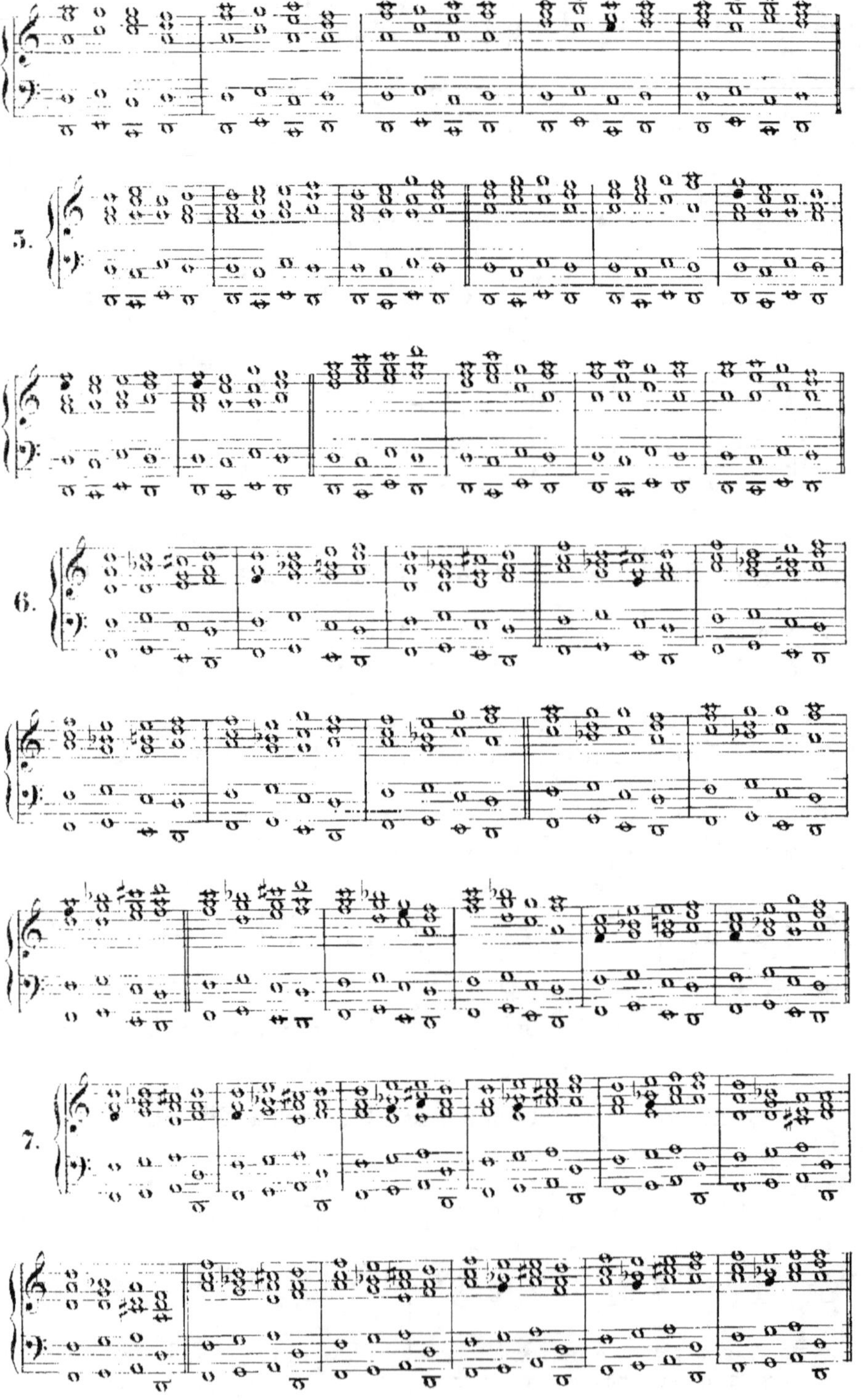

Phrases en LA mineur.

1.

2.

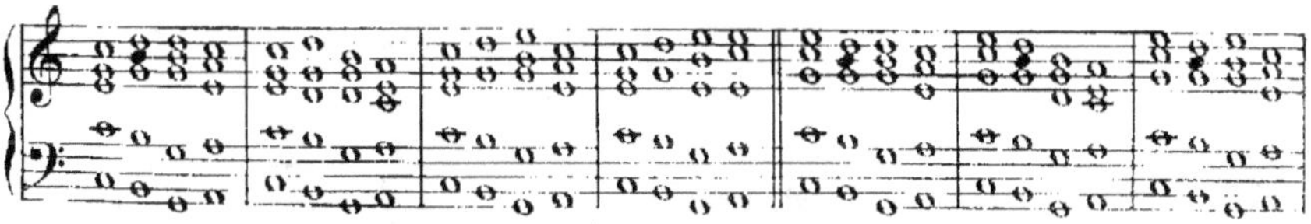

MORCEAUX DU 1er MODE.

Les morceaux écrits en toutes notes de musique sont l'interprétation fidèle de l'harmonie indiquée par les lettres possées au-dessus de la portée de plain-chant. Les lettres qui sont au-dessous de la portée indiquent une harmonie différente.

MESSE SOLENNELLE DU DUMONT.

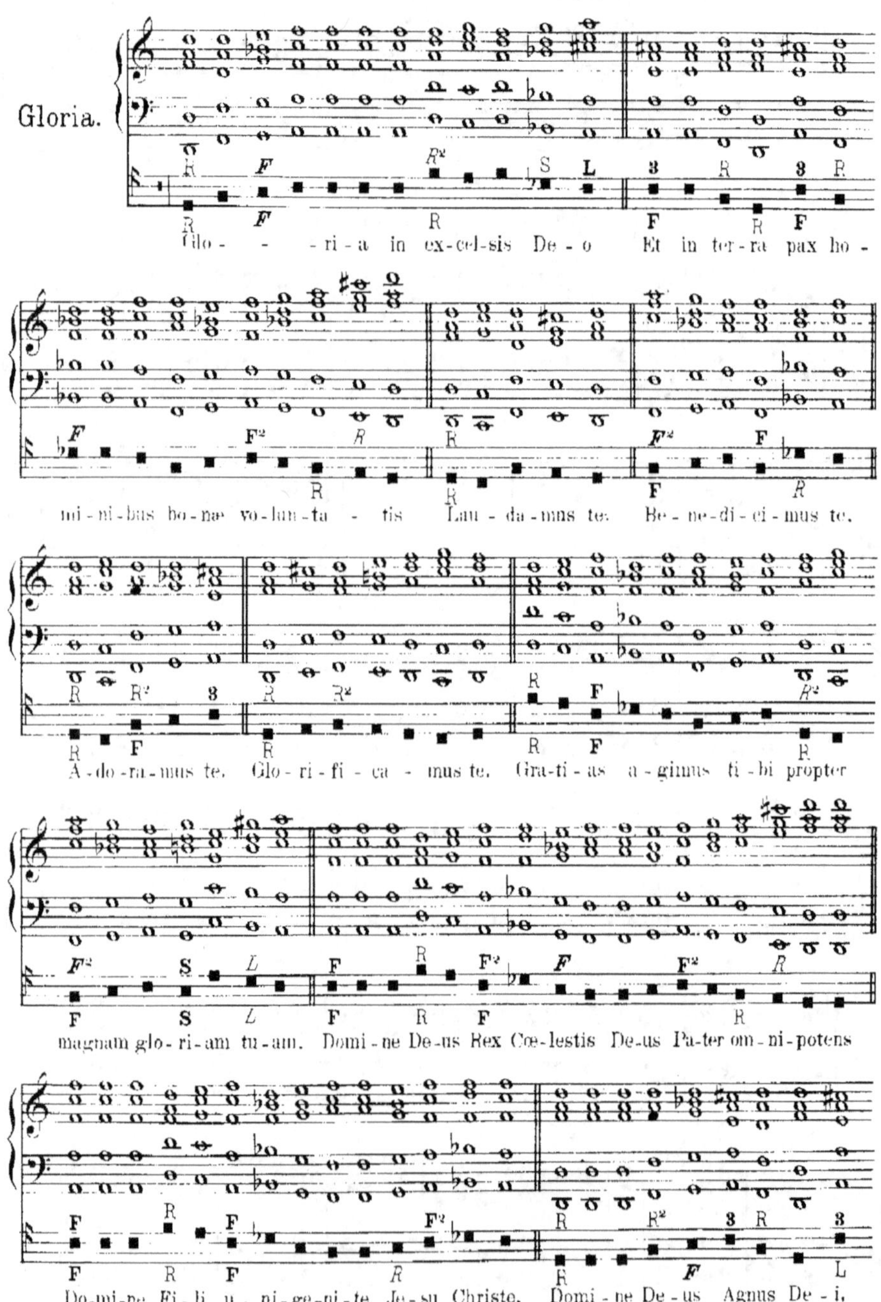

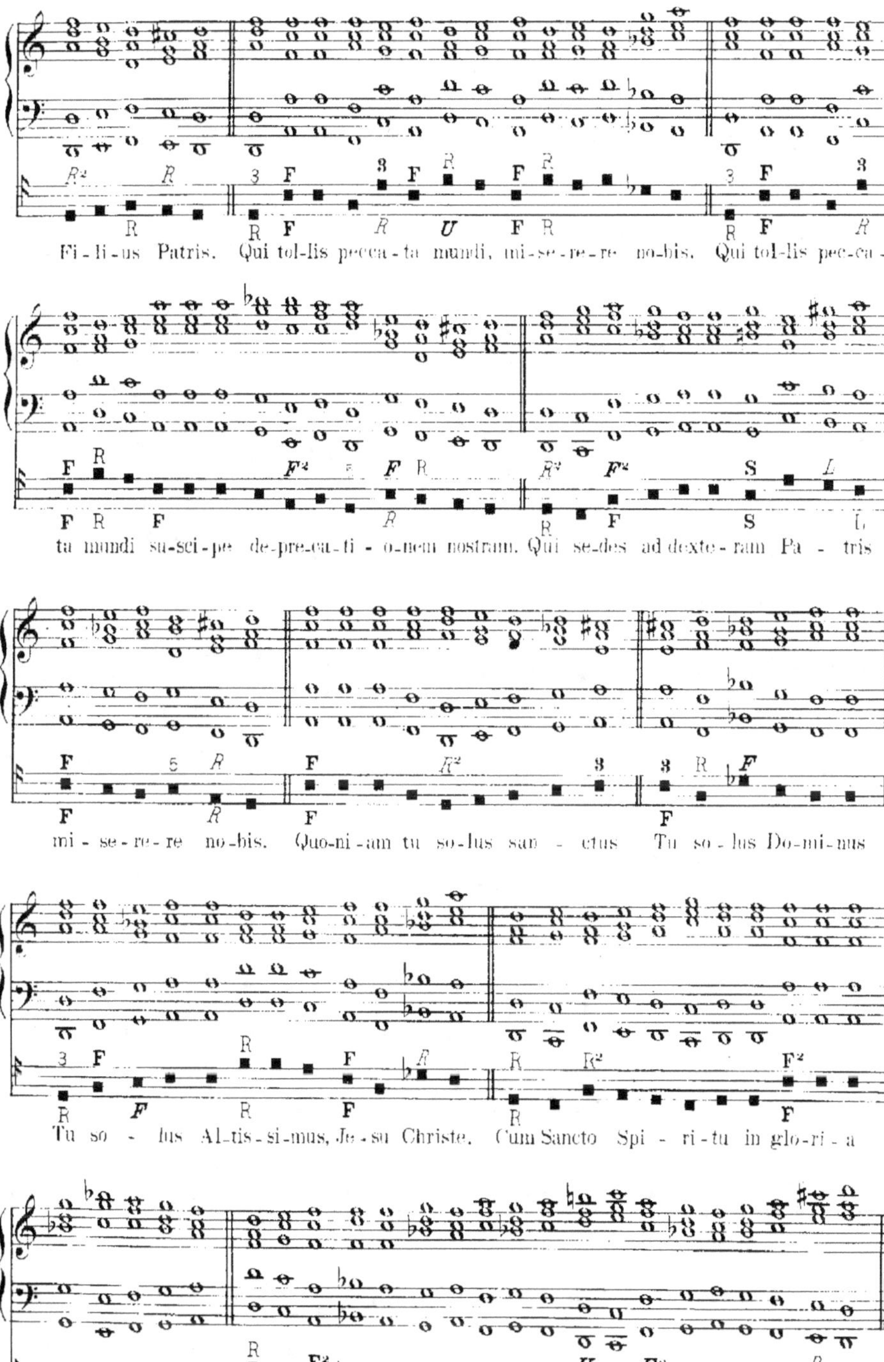
Fi - li - us Patris. Qui tol-lis pecca - ta mundi, mi - se - re - re no-bis. Qui tol-lis pec-ca-
ta mundi su-sci-pe de-pre-ca-ti - o-nem nostram. Qui se-des ad dexte-ram Pa - tris
mi - se - re - re no-bis. Quo-ni-am tu so-lus san - ctus Tu so-lus Do-mi-nus
Tu so - lus Al-tis-si-mus, Je - su Christe. Cum Sancto Spi - ri-tu in glo-ri - a
De - i Pa - tris. A - - - - - - - - - men.

Kyrie.
Ky - - - ri - e
- lei - son. Chri - ste e -
lei - son. Ky - ri - e e - - - lei - son,
Ky - ri - e e - - - lei - son.
Sanctus.
San - - ctus, San - - ctus, San - - ctus,
Do-minus De-us Sa-ba-oth. Ple-ni sunt cœ-li et ter-ra glo-ri-a tu-a Ho-san-na
in ex-cel-sis. Be-ne-dic-tus qui ve-nit in no-mi-ne Do-mi-ni Ho-san-na in ex-celsis.
Agnus.
A - gnus De - i qui tol-lis pec-ca-ta mun-di mi-se-re-re no-bis
A - gnus De - i qui tol-lis pec-ca-ta mun-di, mi-se-re-re no-bis.
A - gnus De - i qui tol-lis pec-ca-ta mun-di, do-na no-bis pa-cem.
Kyrie
des
FÊTES DOUBLES.
Ky - ri - e e - - -
- le - i - son. Chri-ste e - - le - i - son.
Ky - ri - e e - - - - le - i - son, Ky - - ri - e
e - - - - le - i - son.

Kyrie
de la
Ste VIERGE.
Ky- -ri-e e- -lei- son,
Ky- -ri-e e- -lei- son, Ky- -ri-e
e- -lei- son. Chri-ste e -le - i- son, Chri- -
ste e- -lei- son, Chri-ste e -le - i -son.
Ky- -ri-e e -le - i -son, Ky- - ri-e
e- -lei - son, Ky- -ri-e
e- -lei - son.
Agnus
des
SIMPLES DIMANCHES.
A- -gnus De - i, qui tol -lis pec - ca - -ta
mun-di mi se - re - re no -bis. A - gnus De - i qui tol - -lis
pec - ca - ta mun-di mi-se - re - re no - bis. A - gnus De - i
qui tol -lis pec - ca - ta mun- di, do -na no -bis pa - cem.
Kyrie
de
L'AVENT.
Ky- -ri-e e - lei- son.
Chri - -ste e - lei - son. Ky - ri - e
e- -lei - son, Ky - ri -e

e - le - i - son.
Prose de PAQUES.
Vic - ti - mæ Pa-scha-li lau-des im-mo-lent Christi - a - ni. A-gnus re -
de - mit o - nes: Christus in - no-cens Pa-tri re-con-ci - li - a - vit pec - ca - to - res.
Mors et vi - ta du-el-lo con-fli-xe-re mi-ran-do: dux vi-tæ mor-tu-os regnat vi-vus
Dic no-bis Ma - ri - a quid vi-dis-ti in vi - a: Se-pulchrum Christi vi -
ven - tis et glo-ri-am vi-di re-sur-gen-tis. An-ge-li-cos tes - tes
su - da - ri - um et ves-tes. Sur-re-xit Christus spes me - a: præ-ce-det vos in
Ga - li - læ - am. Scimus Christum sur-re-xis-se a mor-tu - is ve re: tu no-bis
vic - tor rex mi - se - re - re. A - - - men. Al-le - - - lu - ia.
Prose de la PENTECÔTE.
Ve - ni Sancte Spi - ri - tus, et e - mit-te cœ - - li-tus lu-cis tu - æ
ra - - di - um. Ve-ni pa-ter pau-pe-rum, ve-ni da-tor mu - - ne-rum, ve-ni lu -
men cor - - di - um. Con-so-la-tor op - ti - me, dul-cis hos-pes a - ni-mæ, dul-ce
re - fri - ge - - ri - um. In la-bo-re re-qui-es, in æs-tu tem-pe - ri - es,
in fle-tu so-la - - ti - um. O lux be - a - tis - si-ma, rep-le cor-dis in-

ti-ma tu-o-rum fi-de-li-um. Si-ne tu-o lu-mi-ne ni-hil est in
ho-mi-ne ni-hil est in-no-xi-um. La-va quod est sor-di-dum, ri-ga quod
est a-ri-dum, sa-na quod est sau-ci-um. Flec-te quod est ri-gi-dum, Fo-ve
quod est fri-gi-dum, re-ge quod est de-vi-um. Da tu-is fi-de-li-bus in te
con-fi-ten-ti-bus, sacrum sep-te-na-ri-um. Da vir-tu-tis me-ri-tum, da sa-lu-
tis e-xi-tum, da pe-ren-ne gau-di-um. A-men. Al-le-lu-ia.
Prose des MORTS.
Di-es i-ræ di-es il-la sol-vet sæ-clum in fa-vil-la,
tes-te Da-vid cum si-byl-la. Quantus tre-mor est fu-tu-rus quan-do
ju-dex est ven-tu-ras cun-cta stric-te dis-cus-su-rus Tu-ba mi-rum
spar-gens so-num per se-pulchra re-gi-o-num co-get om-nes
an-te thronum. Mors stu-pe-bit et na-tu-ra, cum re-sur-get cre-a-tu-ra
ju-di-can-ti respon-su-ra. Li-ber scrip-tus pro-fe-re-tur in quo to-tum
con-ti-ne-tur, un-de mundus ju-di-ce-tur. Ju-dex er-go cum se-de-bit
quid-quid la-tet ap-pa-re-bit, nil in-ul-tum re-ma-ne-bit.
Les strophes suivantes ne sont que la répétition de celles qui précèdent.

La-cry-mo-sa di-es il-la qua re-sur-get ex fa-vil-la.
Ju-di-can-dus ho-mo re-us, hu-ic er-go par-ce De-us.
Pi-e Je-su Do-mi-ne do-na e-is re-qui-em. A-men.
Hymne des DIMANCHES.
Lu-cis cre-a-tor op-ti-me lu-cem di-e-rum pro-fe-rens pri-mor-di-is lu-cis no-væ mundi pa-rans o-ri-gi-nem. A-men.
Hymne de NOËL.
Je-su Re-demp-tor om-ni-um, quem lu-cis ante o-ri-gi-nem, Pa-trem pa-ter-næ glo-ri-æ, Pa-ter su-pre-mus e-di-dit. A-men.
Hymne de la PASSION.
Ve-xil-la Re-gis pro-de-unt, ful-get Cru-cis mys-te-ri-um qua vi-ta mor-tem per-tu-lit, et mor-te vi-tam pro-tu-lit.
Hymne des APOTRES.
E-xul-tet or-bis gau-di-is Cœ-lum re-sul-tet lau-di-bus A-po-sto-lo-rum glo-ri-am tel-lus et as-tra con-ci-nunt.
Ave MARIS STELLA.
A-ve ma-ris stel-la, De-i ma-ter al-ma At que semper vir-go Fe-lix cœ-li por-ta. A-men.

IIᵉ MODE.

Finale RE, dominante FA.

Il se rapproche du ton musical *RÉ mineur.*

Les deuxième mode renferme à peu près les mêmes phrases de chant que le 1ᵉʳ dont il est le plagal. Nous ne répèterons donc pas ces phrases.

MORCEAUX DU IIᵉ MODE.

MESSE DU 2ᵐᵉ TON.

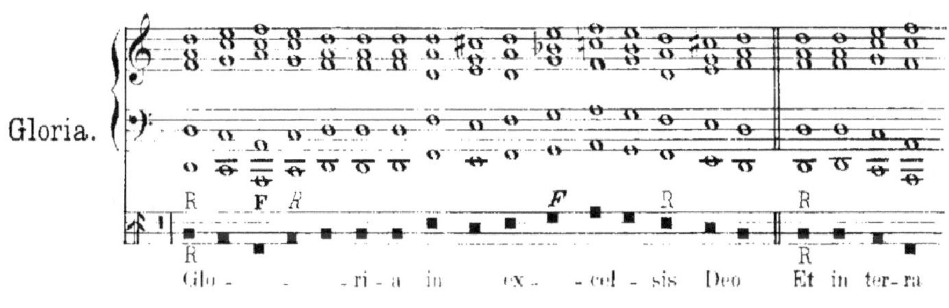

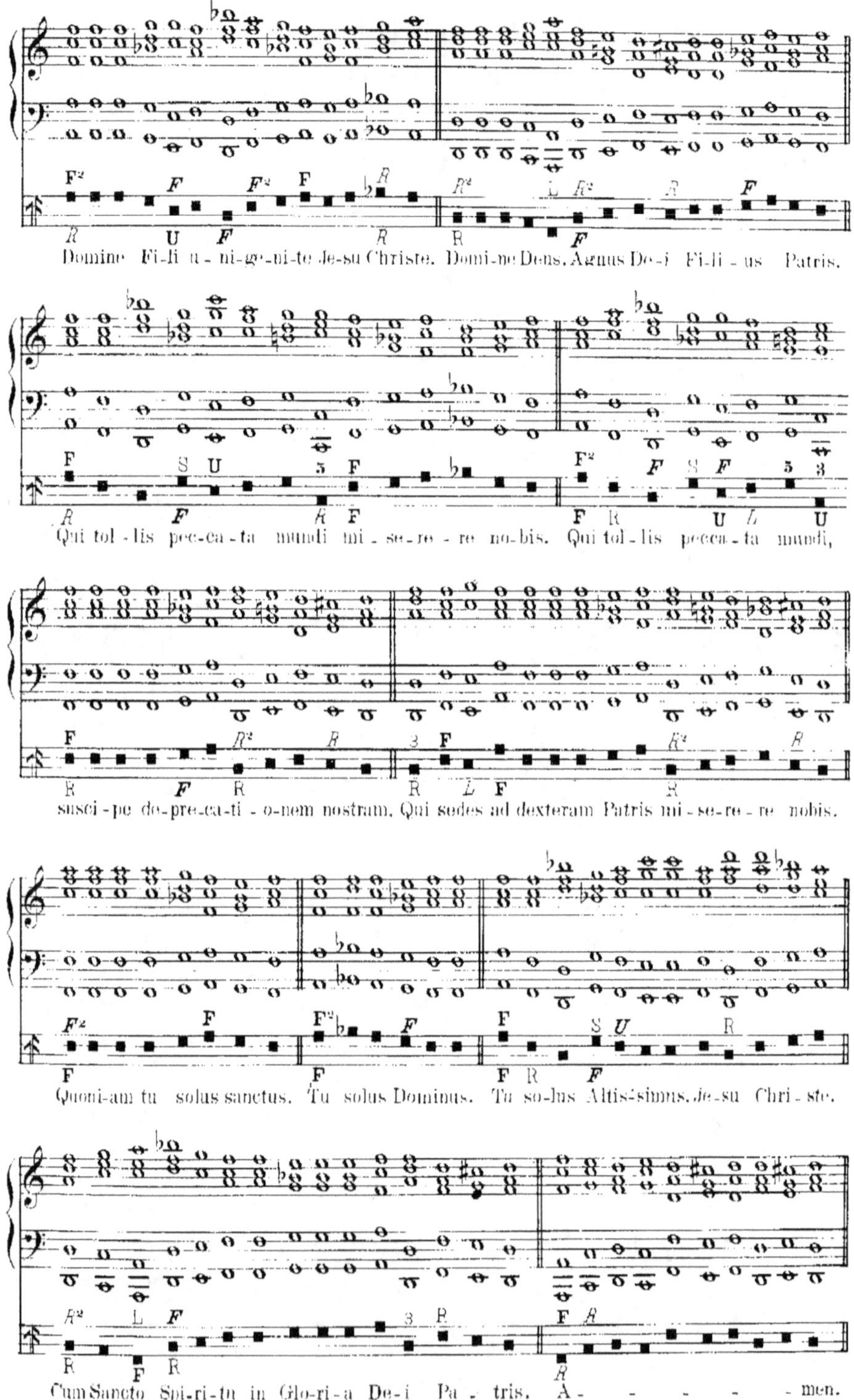

Domine Fi-li u-ni-ge-ni-te Je-su Christe. Domi-ne Deus, Agnus De-i Fi-li-us Patris.
Qui tol-lis pec-ca-ta mundi mi-se-re-re no-bis. Qui tol-lis peca-ta mundi,
susci-pe de-pre-ca-ti-o-nem nostram. Qui sedes ad dexteram Patris mi-se-re-re nobis.
Quoni-am tu solus sanctus. Tu solus Dominus. Tu so-lus Altis-simus. Je-su Chri-ste.
Cum Sancto Spi-ri-tu in Glo-ri-a De-i Pa-tris. A- - - - -men.

Kyrie.
Ky - ri - e, e - - - - le-i-son. Chri-ste
e - - - le-i-son. Ky - - ri-e, e - - - le-i-son.
Sanctus.
San - - - - ctus, San - - - ctus, San - - - ctus,
Do-mi-nus De-us Sa-ba-oth. Pleni sunt Cœ-li et ter-ra glo-ri-a tu-a, Ho-sanna
in ex-celsis Be-nedic-tus qui ve-nit in nomi-ne Domi-ni, hosan-na in ex-cel-sis.
Agnus.
A-gnus De-i, qui tol-lis pec-ca-ta mundi, mi-se-re-re no-bis.
A-gnus De-i, qui tol-lis pec-ca-ta mun-di, mi-se-re-re no-bis.
A-gnus De-i, qui tol-lis pec-ca-ta mun-di, do-na no-bis pa-cem.
Gloria
des Dimanches
Pendant l'année.
Glo - ri-a in ex-celsis De-o. Et in ter-ra pax
ho-mi-ni-bus bo-næ vo-lunta-tis. Lau-da-mus te. Be-ne-di-ci-mus te.
A-do-ra-mus te. Glo-ri-fi-ca-mus te. Gra-ti-as a-gimus ti-bi
prop-ter magnam glo-ri-am tu-am. Do-mi-ne De-us, Rex Cœ-lestis,

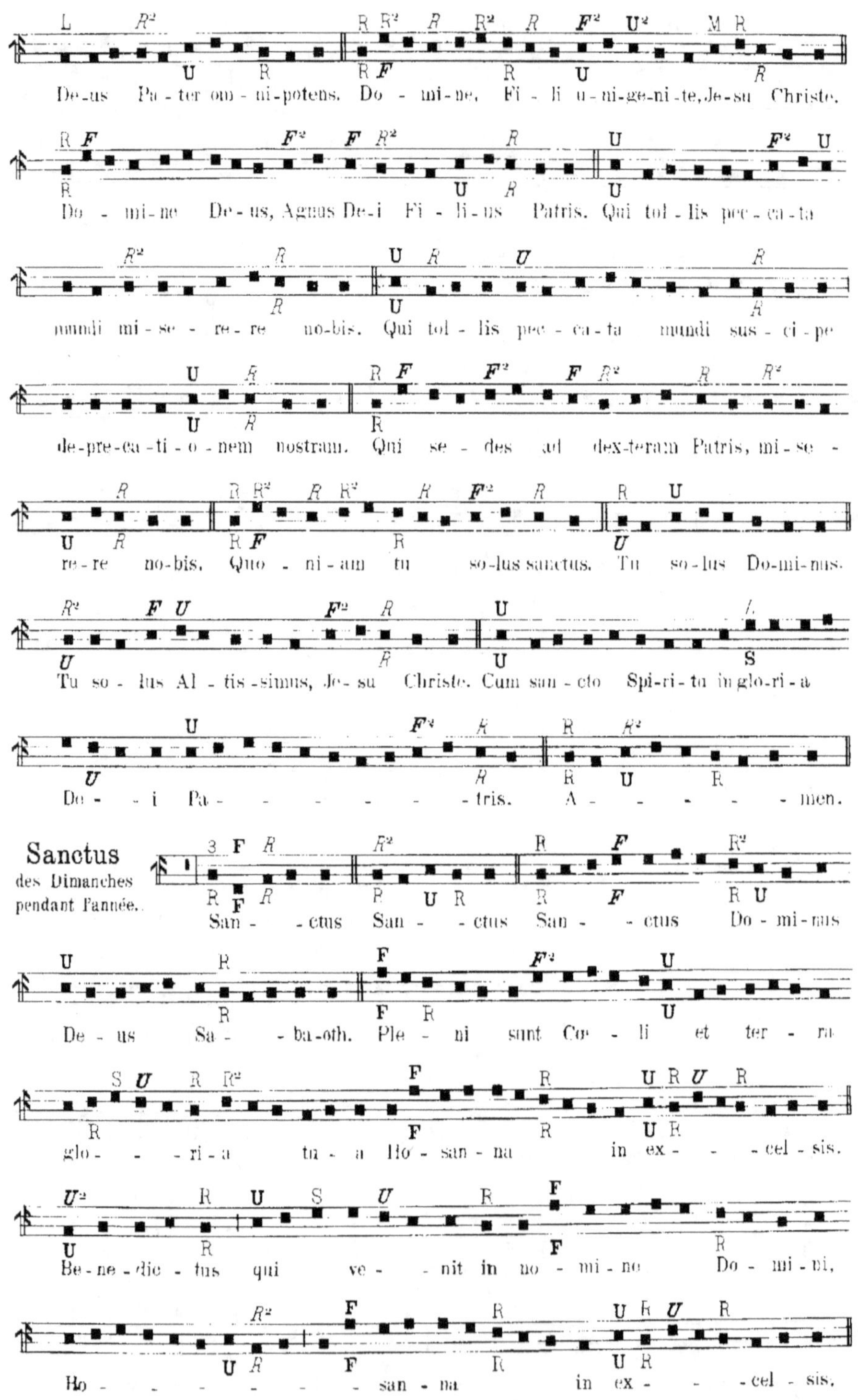
De-us Pa-ter om-ni-potens. Do-mi-ne, Fi-li u-ni-ge-ni-te, Je-su Christe.
Do-mi-ne De-us, Agnus De-i Fi-li-us Patris. Qui tol-lis pec-ca-ta
mundi mi-se-re-re no-bis. Qui tol-lis pec-ca-ta mundi sus-ci-pe
de-pre-ca-ti-o-nem nostram. Qui se-des ad dex-te-ram Patris, mi-se-
re-re no-bis. Quo-ni-am tu so-lus sanctus. Tu so-lus Do-mi-nus.
Tu so-lus Al-tis-simus, Je-su Christe. Cum san-cto Spi-ri-tu in glo-ri-a
De-i Pa-tris. A-men.
Sanctus
des Dimanches
pendant l'année.
San-ctus San-ctus San-ctus Do-mi-nus
De-us Sa-ba-oth. Ple-ni sunt Coe-li et ter-ra
glo-ri-a tu-a Ho-san-na in ex-cel-sis.
Be-ne-dic-tus qui ve-nit in no-mi-ne Do-mi-ni,
Ho-san-na in ex-cel-sis.

Hymne du CARÊME.
Au-di be-ni-gne Con-di-tor nos-tras preces cum fle-ti-bus
in hoc sa-cro je-ju-ni-o fu-sas qua-dra-ge-na-ri-o. A- -men.
Hymne d'un CONFESSEUR.
Is-te con-fes-sor Do-mi-ni co-len-tes quem pie lau-dant
po-pu-li per or-bem hac die læ-tus me-ru-it be-a-tas scan-de-re se-des.
Autre Hymne d'un CONFESSEUR.
Is- -te con-fes-sor Do-mi-ni co-len-tes
quem pie lau-dant po-pu-li per or- bem hac di-e læ-tus
me-ru-it be-a- -tas scan- -de-re se-des. A- -men.
O Filii.
Al-le-lu-ia, Al-le-lu-ia, Al-le-lu- ia. O Fi-li-i et Fi-
li-æ, Rex Cœ-le-stis, Rex glo-ri-æ morte sur-re- xit ho-di-e, Al-le-lu- ia.
Petit Tantum ergo.
Tan-tum er-go sa-cra-mentum ve-ne-re-mur cer-nu-i
Et an-ti-quum do-cu-men-tum no-vo ce-dat ri-tu-i, præstet fi-des
sup-ple-men-tum sen-su-um de-fec-tu-i. A- -men.

IIIᵉ MODE.
Finale MI, dominante UT.

Il ne se rapproche d'aucun mode de style musical; c'est pourquoi il faut avoir recours à l'emploi de diverses formules pour l'accompagner.

Il a cependant une *Finale* qui lui est propre; elle est la même que celle du IVᵉ mode. Sur cette Finale *MI* on fait entendre à son gré l'accord *majeur* ou *mineur*. Quand le *mi* est précédé de la note *sol*, il faut faire l'accord *mineur* sur ce *mi*, autrement le *sol* ♯ de l'accord *majeur* produirait une mauvaise relation avec le *sol* naturel qui le précède. Ses phrases sont communes avec celles du IVᵉ mode.

D'après ce que nous venons d'exposer, on peut donc faire un accord *majeur* sur la dernière note des phrases Nᵒ 1, 2 et 3 qui suivent, surtout si ces phrases terminent un morceau. Mais un accord *mineur* doit nécessairement terminer les phrases Nᵒ 4 et 5.

PRINCIPAUX MEMBRES DE PHRASES.
Qui entrent dans la composition du IIIᵉ et du IVᵉ mode.

MORCEAUX DU IIIᵉ MODE.

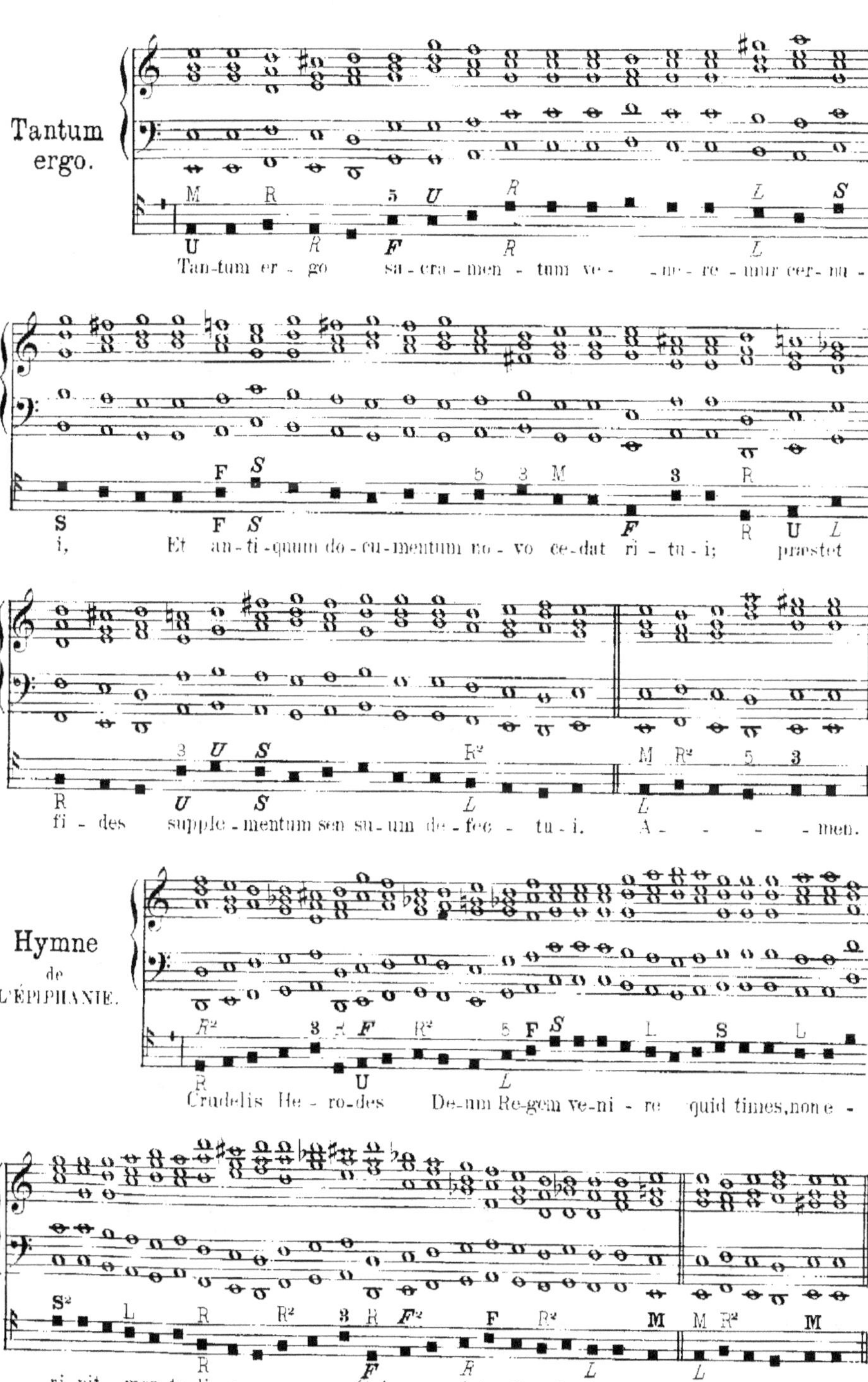

Te Deum.

Te De - um lau - da - - mus, Te Do - minum con - fi - te - mur.
Te æ - ter - num Pa - trem: omnis ter - ra ve - ne - ra - tur. Ti - bi om - nes an - ge - li:
Ti - bi Cœ - li et u - ni - ver - sæ po - tes - ta - tes. Ti - bi Che - ru - bim et Se - ra - phim,
in - ces - sa - bi - li vo - ce pro - clamant. San - - ctus, San - - ctus,
San - - ctus Do - mi - nus De - us Sa - ba - oth. Ple - ni sunt Cœ - li et ter - ra
ma - je - sta - tis glo - ri - æ tu - æ. Te glo - ri - o - sus, A - po - sto - lo - rum cho - rus,
Te Pro - phe - ta - rum lau - da - bi - lis nu - me - rus. Te mar - ty - rum can - di - da - tus
lau - dat ex - er - ci - tus. Te per or - bem ter - ra - rum, san - cta con - fi - te - tur
Ec - cle - sia. Pa - - trem: im - mense ma - je - sta - tis. Ve - ne - randum tu - um
ve - rum, et u - ni - cum Fi - li - um. Sanctum quo - que Pa - ra - cli - tum Spi - ri - tum.
Tu rex glo - ri - æ Christe. Tu Pa - tris sem - pi - ter - nus es Fi - li - us.
Tu ad li - be - randum su - sceptu - rus ho - minem: non hor - ru - is - ti Vir - gi - nis u - te - rum.

Tu de-vi-cto mortis a - cu - le - o, A - pe-ru-i - sti creden-ti-bus re-gna Coe-lo-rum.
Tu ad de-xteram De-i se - des in glo-ri - a Patris. Ju-dex cre-de-ris es-se
ven-tu-rus. Te er-go quæ-sumus, tu-is fa-mu-lis sub - ve-ni quos pre-ti - o -so
sangui-ne re-de-mi-sti. Æ-ter-na fac cum sanctis tu-is in glo-ri - a nume-
ra - - ri. Sal-vum fac po-pu-lum tu-um Do - mi - ne, et be - ne-dic
hœ-re-di-ta-ti tu - - æ. Et re-ge e - os et ex tol-le il-los
us-que in æ - ter - - num. Per sin-gu-los dies be-ne-di - ci-mus te.
Et lau-damus nomen tu-um in sæ - cu-lum: et in sæ-cu-lum sæ-cu-li. Di-gna-re
Do-mi-ne die is - to: si-ne pec-ca-to nos cu-sto-di-re. Mi-se-re-
re no-stri Do - mi-ne: mi-se-re-re no-stri. Fi-at mi-se-ri-cor-di-a
tu-a, Do-mi-ne, su-per nos que-mad-mo-dum spe-ra-vi-mus in te.
In te Do-mi-ne spe-ra-vi: non con-fun-dar in æ - ter - - num.

IVᵉ MODE

Finale MI, Dominante LA.

Sur sa finale *mi* on fait l'accord *majeur* ou *mineur*, en évitant toutefois la fausse relation qui pourrait se produire entre *sol* naturel et *sol*♯

Ses membres de phrases sont communs avec ceux du IIIᵉ mode dont il est le dérivé.

MORCEAUX DU IVᵉ MODE.

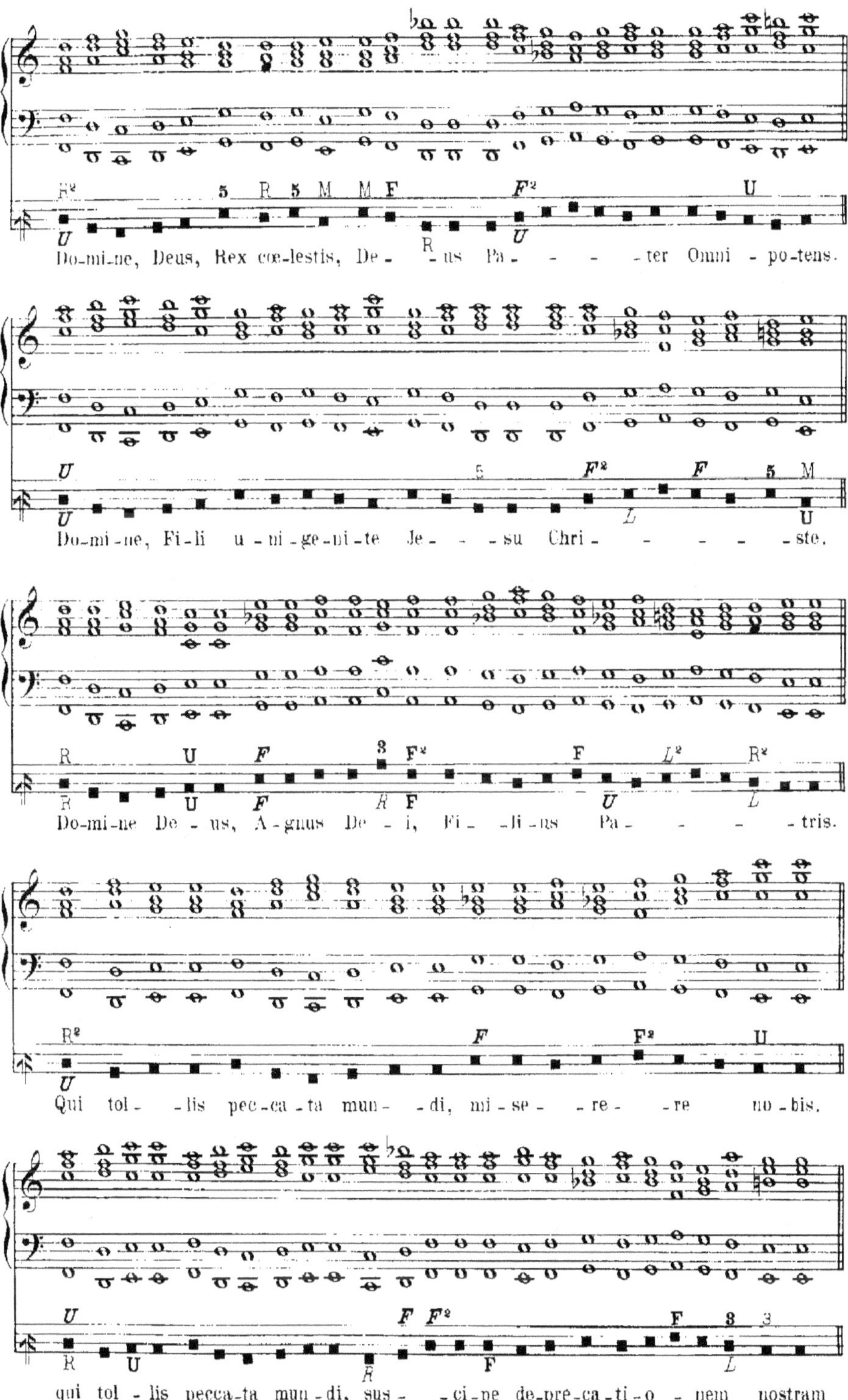
Do-mi-ne, Deus, Rex cœ-lestis, De-us Pa-ter Omni-po-tens.
Do-mi-ne, Fi-li u-ni-ge-ni-te Je-su Chri-ste.
Do-mi-ne De-us, A-gnus De-i, Fi-li-us Pa-tris.
Qui tol-lis pec-ca-ta mun-di, mi-se-re-re no-bis.
qui tol-lis peccata mun-di, sus-ci-pe de-pre-ca-ti-o-nem nostram

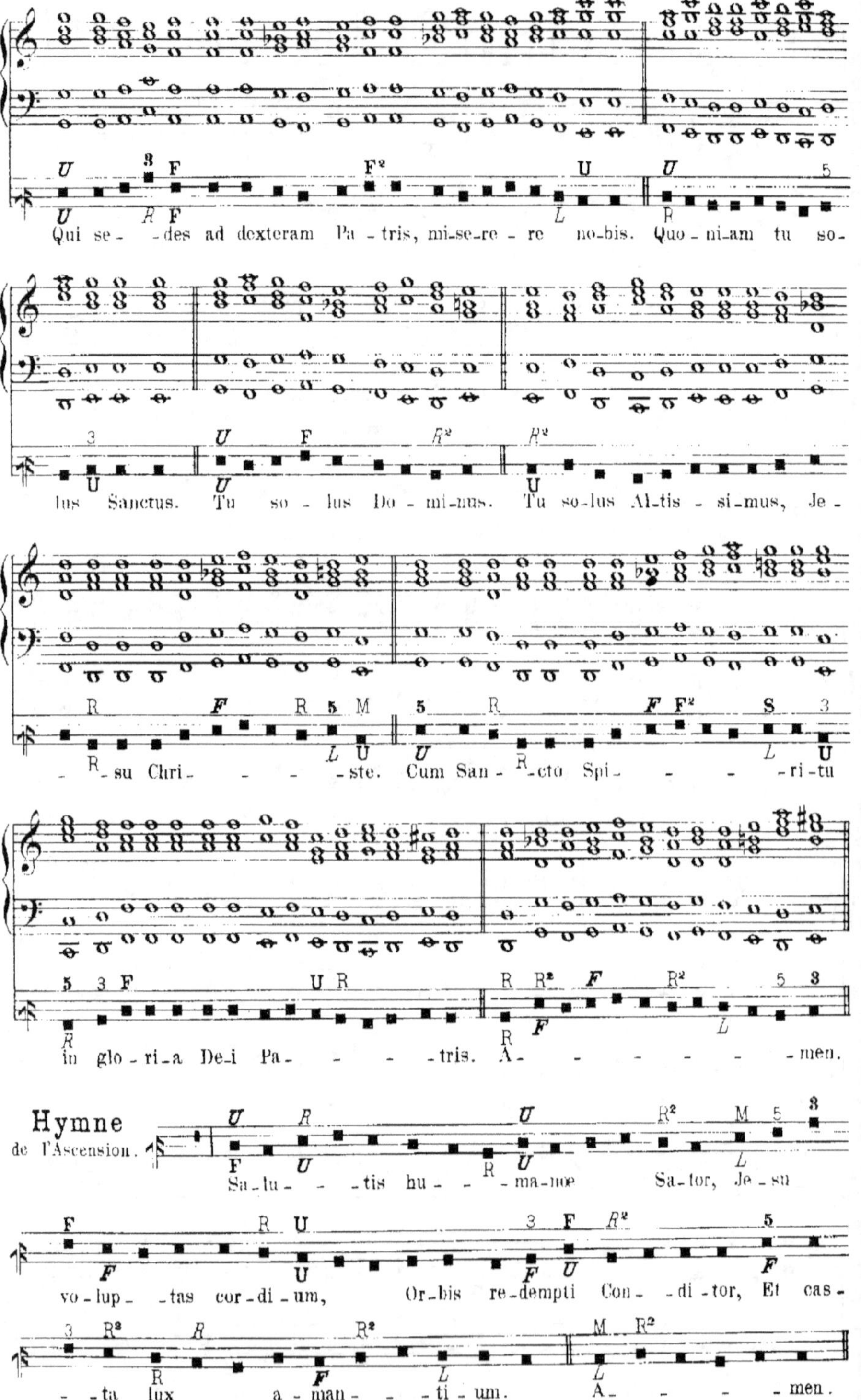

Hymne
de l'Ascension.

Ve MODE

Finale **FA** dominante **UT**   Il se rapproche du ton musical **FA** majeur.

Pour se mettre au diapason des voix des chantres, l'élève fera bien de transposer en *ut* les morceaux du Ve mode, en s'imaginant une clé d'*ut* 1re ligne au lieu de prendre la clé d'*ut* 3e ligne qui sert à écrire tous les morceaux du Ve mode. Afin de faciliter l'étude de cette nouvelle clé d'*ut* 1re ligne, nous avons transposé en clé d'*ut* ordinaire 4e ligne les *Kyrie* et *Gloria* de la Messe des Anges. L'élève ayant contracté l'habitude de jouer ces morceaux en *ut*, comme nous les avons écrits ci-après, pourra facilement les reproduire dans le même ton en se figurant sur son livre de chant une clé d'*ut* 1re ligne.

PRINCIPAUX MEMBRES DE PHRASES
qui entrent dans la composition du Ve mode.

Joué en **FA**, le Ve mode emprunte les phrases du VIe. Voir ces phrases a la page 54 et suivantes.

Transposé en **UT**, ses phrases sont communes avec celles du XIIIe mode. Voir ces dernières phrases à la page 83 et suivantes.

MORCEAUX DU Ve MODE.
TRANSPOSÉS EN UT
MESSE AD LIBITUM *DITE* MESSE DES ANGES.

Gloria
de la
MESSE DES ANGES.
Glo_ri_a in ex_celsis De_o. Et in ter_ra pax ho_mi_ni_bus
bo_næ vo_lun_ta_tis. Lau_da_ _mus te. Be_ne_di_ci_mus te.
A_do_ra_ _mus te. Glo_ri_fi_ca_mus te. Gra_ti_as a_ _gimus ti_ _bi
propter magnam glori_am tu_am. Do_mi_ne De_us, Rex Cœlestis, De_ _us Pa_ _ter
om_ _ni po_tens. Do_mi_ne Fi_li u_ _ni_ge_ _ni_te, Je_ _su Chri_ste.

Do_mi_ne, De_us Agnus De_i, Fi_li_us Pa _ tris. Qui tol_lis pec_ca_ta
mun _ _ di mi_se_re_ _ re nobis. Qui tol_lis pecca_ta mun_di, sus_ci_
pe de_pre_ca_ti_o _ nem no_ _ _stram. Qui se_des ad dex_te_ram Pa_tris,
mi_se_re_re no_bis. Quo_ni_am tu so_lus Sanctus. Tu so_lus Do _ _minus.
Tu so_lus Al_tis _ _ si_mus, Je _ _su Chri_ste. Cum Sancto Spi _ _
ri_tu in glo_ri_a De_i Pa _ _tris A _ _ _ _men.

VI.e et XIV.e MODES

Le VI.e mode a FA pour finale, et LA pour dominante.

Il se rapproche beaucoup du ton musical **fa majeur**.

Le XVI.e mode écrit avec une clé d'*ut* 2.e ligne a UT pour finale et MI pour dominante. Dans ce cas il est en *ut* majeur.

On peut le considérer comme un VI.e transposé. En effet, que de la clé d'*ut* 2.e ligne on fasse une clé de *fa* même ligne, en bémolisant tous les *si*, on obtiendra un véritable VI.e mode. On aura de plus l'avantage d'être au diapason des voix des chantres.

Nous grouperons donc ensemble les morceaux du VI.e mode, et ceux du XIV.e que nous transposerons en clé de *fa* 2.e ligne avec *si♭*, et nous les considèrerons comme étant tous du VI.e mode.

PRINCIPAUX MEMBRES DE PHRASES,

qui entrent dans la composition de ces modes.

MORCEAUX
DES
VIe ET XIVe MODES.

MESSE DU 6ème TON.

Kyrie.

1) Ici, et dans les passages analogues, on peut faire un *si*♭ à la note aiguë.

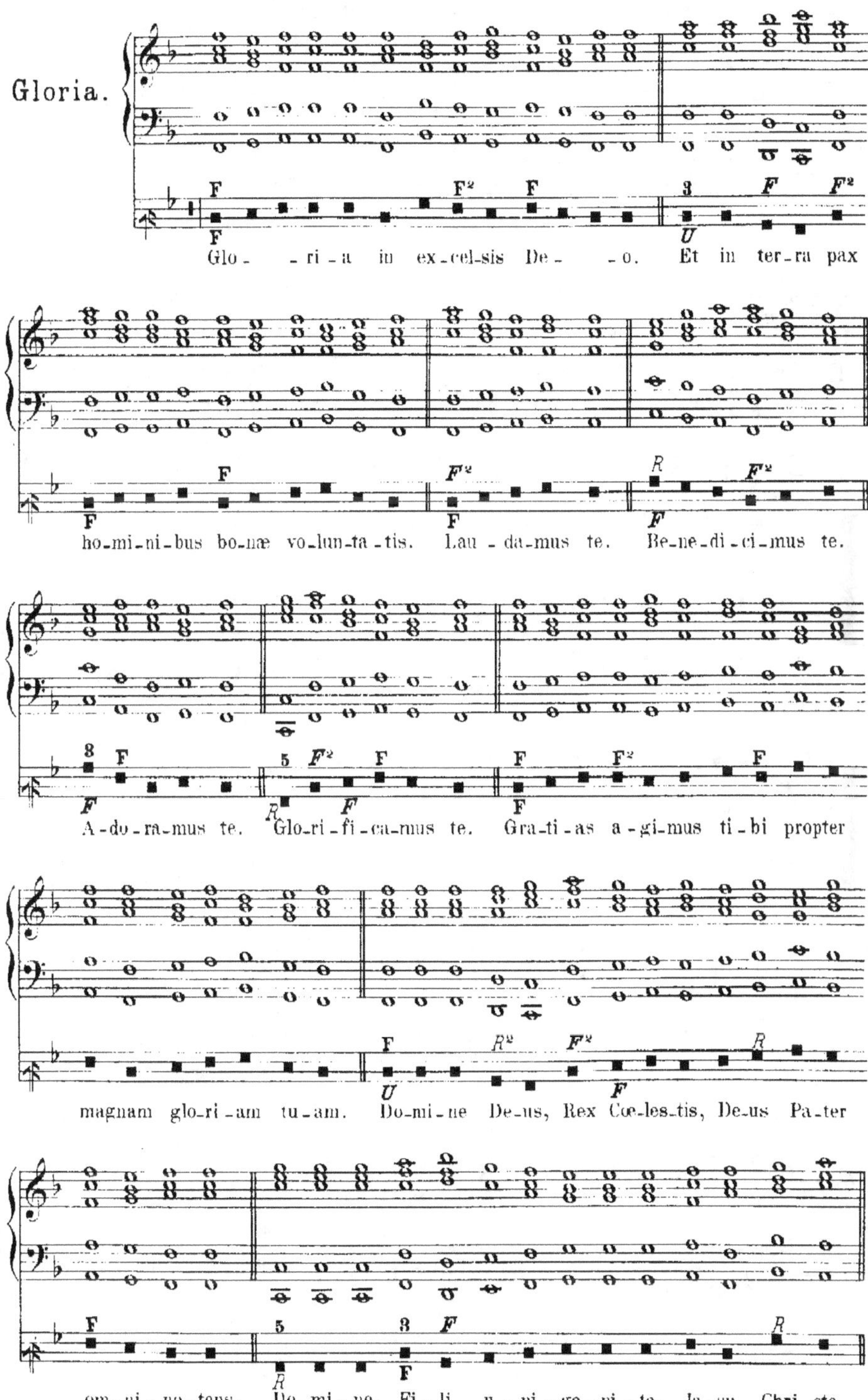
Gloria.
Glo _ ri _ a in ex _ cel _ sis De _ _ o. Et in ter _ ra pax
ho _ mi _ ni _ bus bo _ næ vo _ lun _ ta _ tis. Lau _ da _ mus te. Be _ ne _ di _ ci _ mus te.
A _ do _ ra _ mus te. Glo _ ri _ fi _ ca _ mus te. Gra _ ti _ as a _ gi _ mus ti _ bi propter
magnam glo _ ri _ am tu _ am. Do _ mi _ ne De _ us, Rex Cœ _ les _ tis, De _ us Pa _ ter
om _ ni _ po _ tens. Do _ mi _ ne, Fi _ li u _ ni _ ge _ ni _ te, Je _ su Chri _ ste.

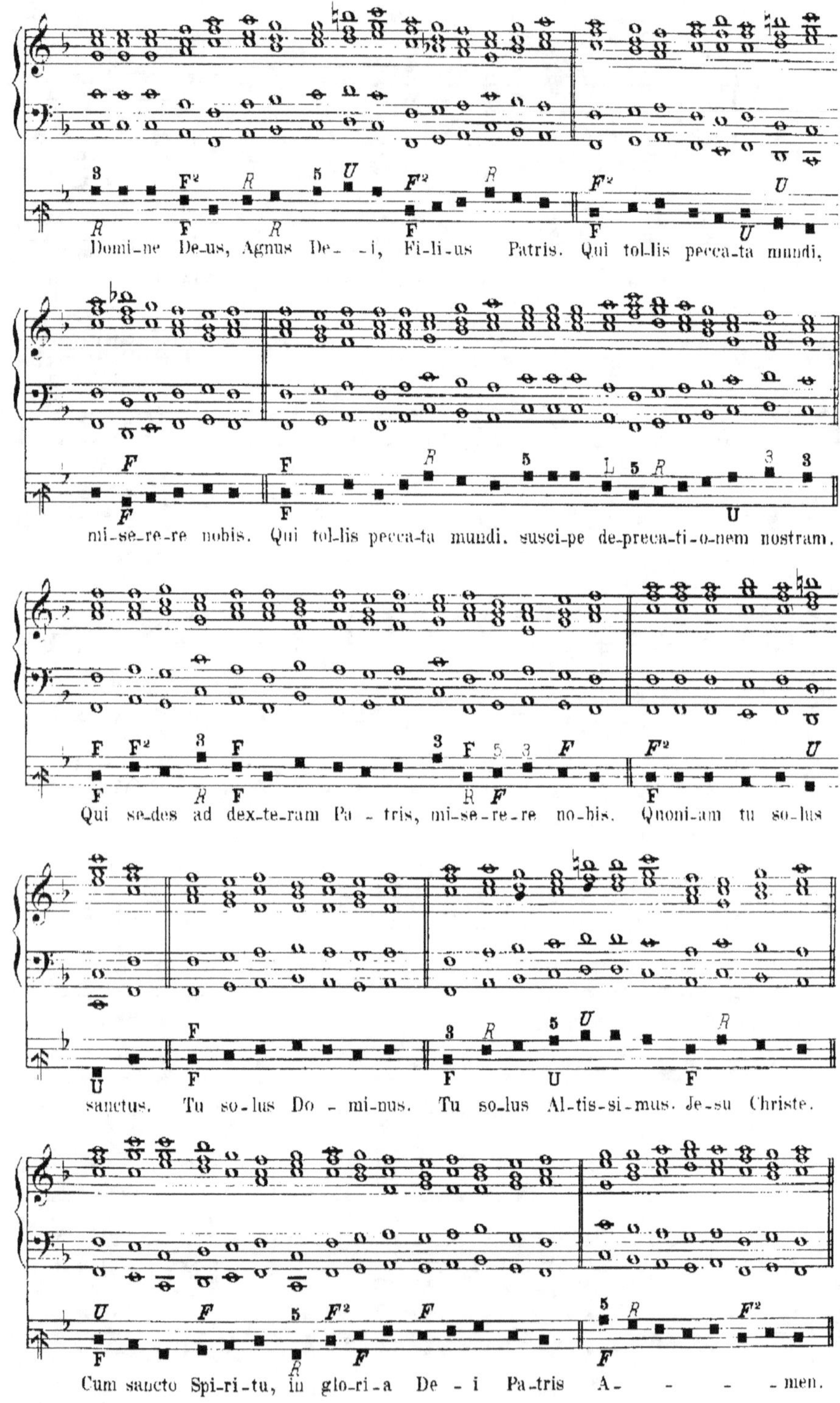

Domi_ne De_us, Agnus De_ _i, Fi_li_us   Patris. Qui tol_lis pecca_ta mundi,
mi_se_re_re nobis. Qui tol_lis pecca_ta mundi. susci_pe de_preca_ti_o_nem nostram.
Qui se_des ad dex_te_ram Pa _ tris, mi_se_re_re no_bis.   Quoni_am tu so_lus
sanctus. Tu so_lus Do _ mi_nus. Tu so_lus Al_tis_si_mus. Je_su Christe.
Cum sancto Spi_ri_tu, in glo_ri_a De _ i Pa_tris A_ _ _ _men.

Sanctus.
San - - - - ctus. San - - - - ctus
San - - - - ctus Do-mi-nus De-us Sa - ba-oth. Ple-ni sunt
Cœ - li et ter - ra glo-ri-a tu-a: Ho - sanna in ex-cel-sis.
Be-ne-dictus qui ve-nit in no-mi-ne Do-mi-ne Ho - sanna in ex-cel-sis.
Agnus.
A-gnus De-i, qui tol-lis pecca-ta mundi, mi-se-re-re no-bis.
A-gnus De-i, qui tol-lis pec-ca-ta mun-di, mi - se - re - re no-bis.
A-gnus De-i, qui tol-lis pec-ca-ta mun-di, do - na no-bis pa-cem.
Agnus.
de la Messe
des Doubles.
A - - gnus De - - i, qui tol - - lis pec -
ca-ta mun - - di, mi-se-re - - re no - - - bis.
A-gnus De-i, qui tol - lis pecca-ta mun - di, mi-se-re -
re no - - - bis A - gnus De - - i, qui tol - lis
pec-ca-ta mun - di, do-na no - - bis pa - - - cem.

Sanctus
de la Messe
des Anges.
San - - - ctus, San - ctus, San - - - ctus, Do - - - mi-nus De - us Sa - - - - ba-oth. Ple-ni sunt Cœ - - li et ter - - ra glo - - ri - a tu - - a, Ho-san - na in ex - cel - - - - - sis.
Be-ne - dic - - tus, qui ve - - nit in no - mi-ne Do - mi-ni
Ho-san - - - na in ex - cel - - - - - - sis.
Agnus
de la Messe
des Anges.
A - - - gnus De - i, qui tol - lis pec - - ca - - ta mun - - di, mi-se-re - - re no - - - - bis. A - gnus De - - i, qui tol - - lis pec-ca - ta mun - - di, mi-se-re - - re no - - - - - - bis.
A - - - gnus De - i, qui tol - lis pec - - ca - ta mun - - di, do - na no - - bis pa - - - - - - cem.
Kyrie
de la Messe
des Morts.
Ky - - ri - e e - - - - le - i - son.

Chri - ste, e - - le-i-son. Ky - - ri-e e - - - le-i-son. Ky-ri-e e - - - le-i-son.
Ave Regina.
A - - ve, Re-gi - na Cœ-lo - rum
A - ve, Do-mi-na An-ge - lo - rum. Sal -
- ve, ra-dix, sal - ve porta. Ex qua mun - do lux est
or - ta: Gaude Vir-go glo - ri - o - sa, Su-per om -
- nes speci - o - sa, Va - - le, o val-de de-co - ra.
Et pro no - bis Chri - stum ex - o - ra.
Regina Cœli.
Re-gi-na Cœ-li læ - ta - - - re.
Al-le - lu - ia. Qui-a quem me-ru-is-ti por -
ta - re, Al-le - lu - ia. Resur-re - xit si-cut di-xit. Al-le -
lu - ia. O-ra pro no - bis De-um, Al-le -
- lu - ia.

Ave Verum.

Inviolata.

Hymne du Sacré-Cœur.
Auctor be-a-te sæ-cu-li, Christe, Redemptor om-ni-um,
Lumen Pa-tris de lu-mi-ne, De-us-que ve-rus de De-o.
Hymne d'un Confesseur.
Is-te con-fes-sor Do-mi-ni co-len-tes, quem
pi-e lau-dant po-pu-li per or-bem, Hac di-e læ-tus
me-ru-it be-a-tas scan-de-re se-des. A-men.
Adeste.
A-de-ste fi-de-les, læ-ti tri-um-phan-tes,
ve-ni-te, ve-ni-te in Beth-le-em Na-tum vi-de-te,
Re-gem An-ge-lo-rum: Ve-ni-te a-do-re-mus, ve-ni-te
a-do-re-mus, ve-ni-te a-do-re-mus Do-mi-num.
Adoremus.
A-do-re-mus in æ-ter-num sanctissi-mum sa-cramen-tum.
Stabat Mater.
Sta-bat ma-ter do-lo-ro-sa, jux-ta cru-cem
la-cry-mo-sa, dum pen-de-bat Fi-li-us. A-men.

VIIᵉ MODE

Finale SOL. Dominante RÉ.

Le VIIᵉ mode est composé d'un assez grand nombre de phrases en *sol* majeur. Souvent aussi il renferme des phrases en *ré* mineur.

Il est très-facile de le transposer pour le mettre au diapason des voix. Il est écrit en clé d' *ut* 3ᵉ ligne; avec cette clé d' *ut* l'on fait une clé de *fa* même ligne en bémolisant tous les *si*.

PRINCIPAUX MEMBRES DE PHRASES

qui entrent dans la composition du VIIᵉ mode.

Ces membres de phrases se rencontrent aussi dans le VIIIᵉ mode

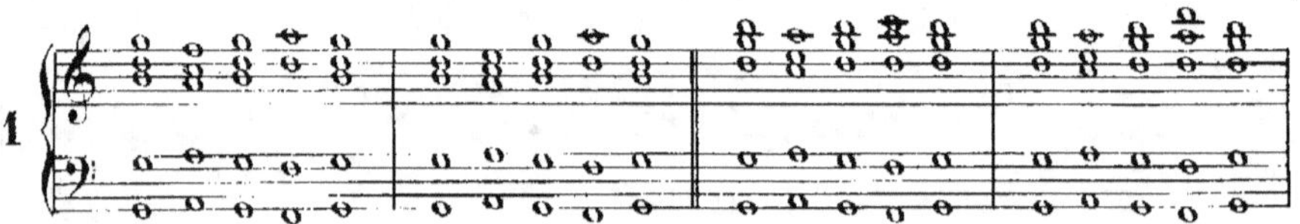

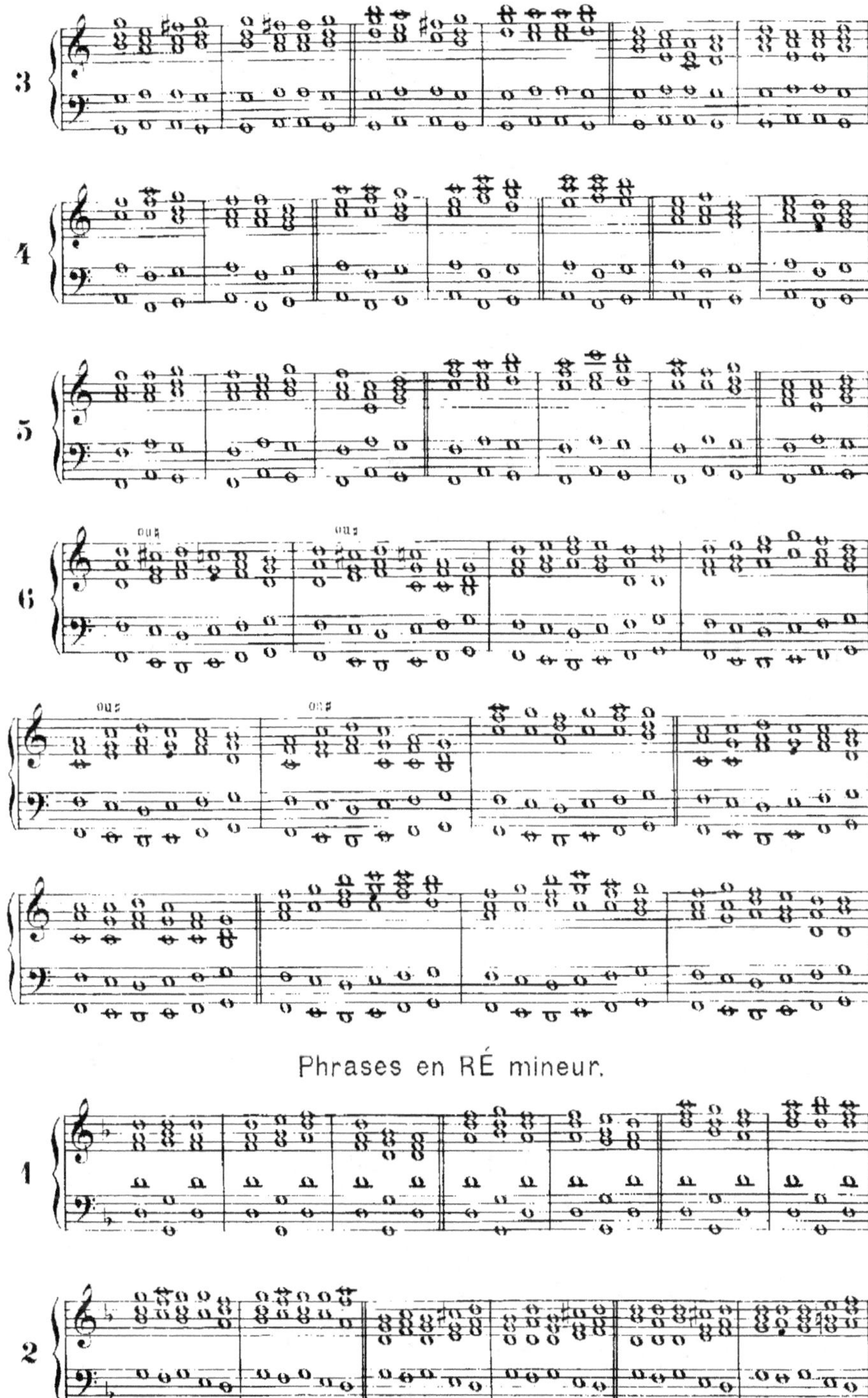

Phrases en RÉ mineur.

MORCEAUX DU VIIe MODE.

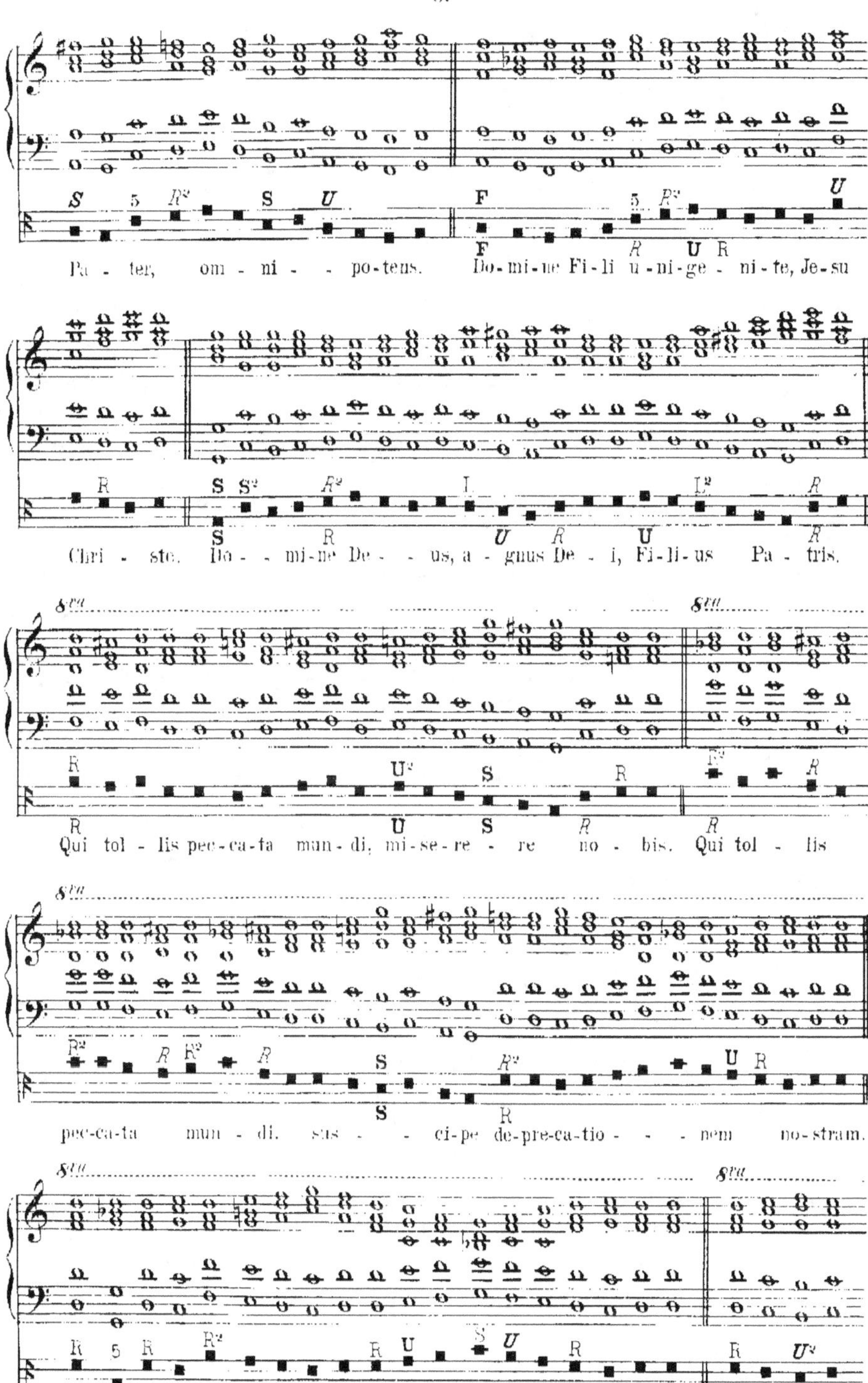

Pa - ter, om - ni - po-tens. Do - mi-ne Fi - li u -ni-ge - ni - te, Je - su
Chri - ste. Do - mi-ne De - us, a - gnus De - i, Fi - li - us Pa - tris.
Qui tol - lis pec-ca-ta mun-di, mi-se-re - re no - bis. Qui tol - lis
pec-ca-ta mun - di, sus - ci-pe de-pre-ca-tio - nem no-stram.
Qui se-des ad dex - te-ram Pa-tris, mi-se - re - re no - bis. Quo-ni-am

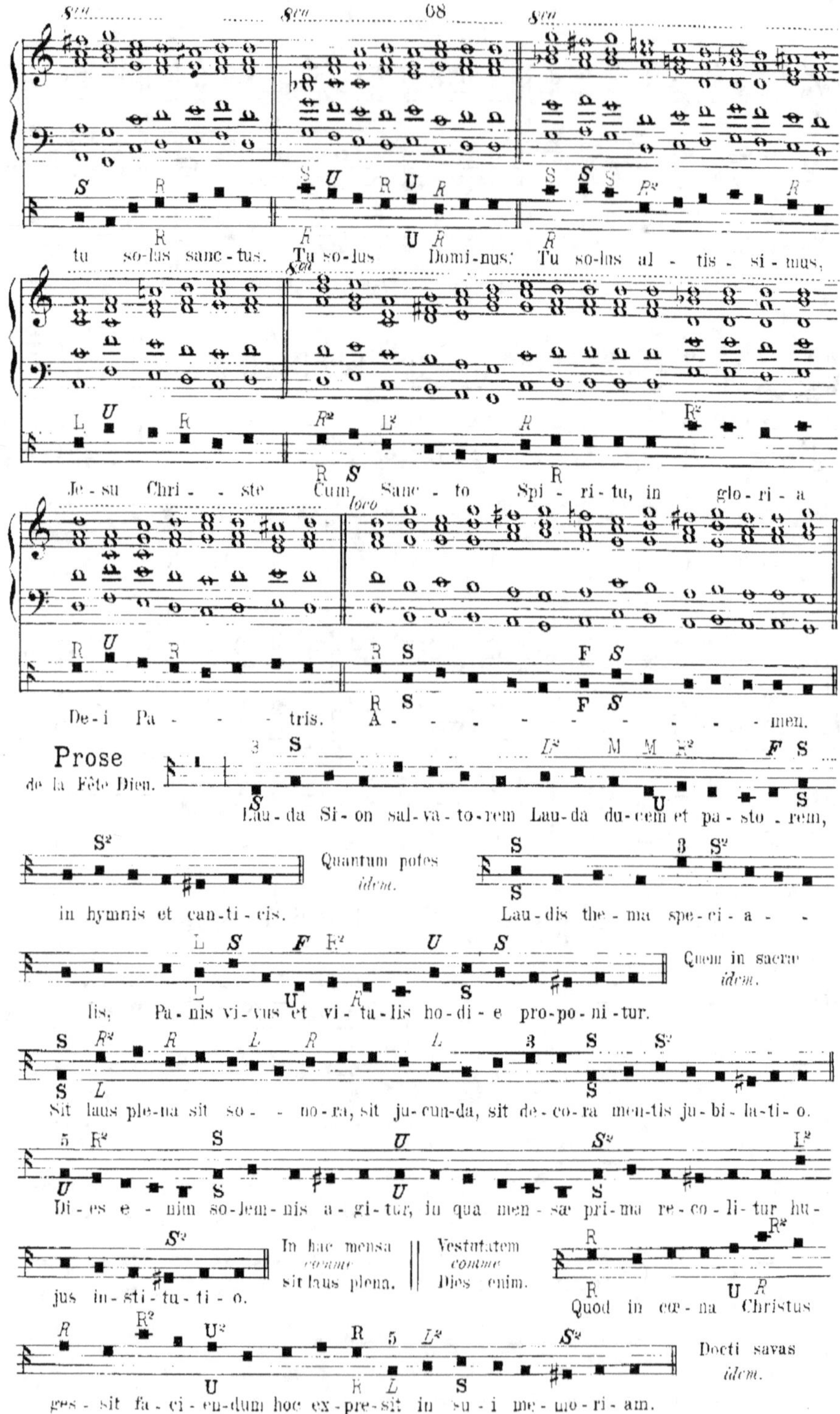

Prose
de la Fête Dieu.

Dog-ma da-tur Chri-sti-a-nis, quod in car-nem trans-it pa-nis et vi-num in
Quod non Capis idem.
san-guinem.
Sub di-ver-sis spe-ci-e-bus signis tantum
et non re-bus, la-tent res ex-i-mi-æ.
Caro mea idem.
A su-men-te non
con-ci-sus, non con-frac-tus non di-vi-sus, in-te-ger ac-ci-pi-tur.
Sumit idem.
Sumunt bo-ni, sumunt ma-li, sor-te ta-men in-æ-qua-li vi-tæ vel
Mors est malis idem.
in-te-ri-tus.
Fracto demum sa-cra-men-to ne va-cil-les,
sed me-men-to. Tan-tum es-se sub frag-men-to quan-tum to-to te-gi-tur.
Nulla rei idem.
Ec-ce pa-nis An-ge-lo-rum, Fac-tus ci-bus vi-a-to-rum:
In figuris idem.
ve-re pa-nis fi-li-o-rum, non mit-ten-dus ca-ni-bus.
Bo-ne Pa-stor, pa-nis ve-re, Je-su nostri mi-se-re-re: Tu nos pas-
ce, nos tu-e-re: Tu nos bo-na fac vi-de-re in ter-ra vi-ven-ti-um
Tu qui cuncta idem.
A-men. Al-le-lu-ia.

VIIIᵉ MODE
Finale SOL. Dominante UT.

Ce mode renferme bon nombre de phrases en *sol*, et parconséquent emprunte souvent la formule en *sol* majeur, bien que le *fa* ♯ ne se rencontre point dans la mélodie. Cependant, dans quelques localités, et à certains passages seulement, là où l'oreille semblerait le demander, il est d'usage de faire entendre la *fa* ♯

Nous rappelons que les phrases du VIIIᵉ mode sont communes avec celles du VIIᵉ

MORCEAUX DU VIIIᵉ MODE.

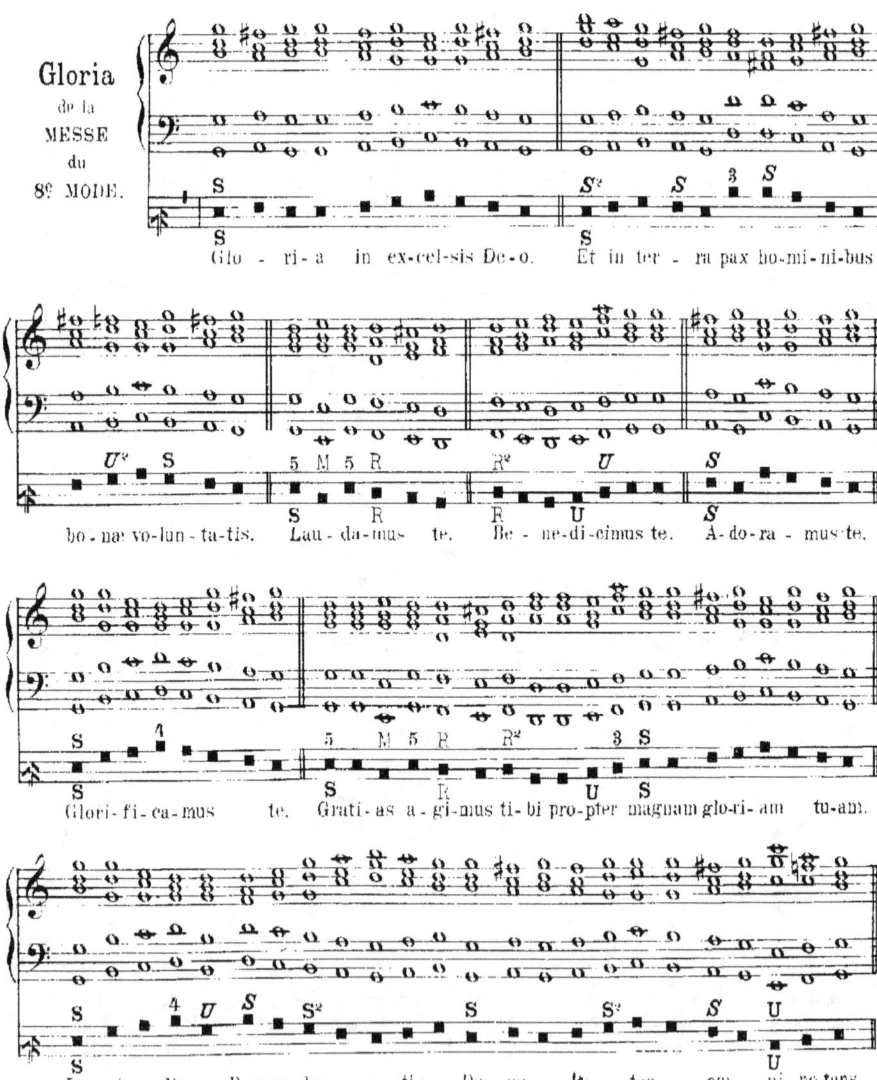

Do-mi-ne, Fi-li u-ni-ge-ni-te, Je-su Christe. Do-mi-ne De-us Agnus
De--i, Fi-li-us Pa-tris. Qui tol-lis pecca-ta mundi, mi-se-re-re no-bis.
Qui tollis pecca-ta mundi, sus-ci-pe de-preca-ti-o-nem no-stram. Qui se-des
ad dex-te-ram Pa-tris, mi-se-re-re no-bis. Quoni-am tu so-lus sanctus.
Tu so-lus Do--minus. Tu so--lus al-tis-si-mus, Je-su Chri-ste.
Cum Sanc-to Spi-ri-tu in glo-ri-a De-i Pa-tris. A--men.

Kyrie
de la
Messe du 8e mode.
Ky - ri - e   e - - le - i - son. Chri - ste
e - le - i - son. Ky - ri - e   e - - le - i - son.
Ky - ri - e   e - - R - - le - i - son.
Sanctus
de la
Messe du 8e mode.
San - ctus San - ctus San - - ctus Do-mi-nus
De-us sa - - - baoth Ple-ni sunt Cœ-li et ter - ra glori-a tu - - a
Ho - san - na in ex - - cel - - sis. Be-ne-dic-tus qui ve - - nit
in no-mi-ne Do - - mi-ni, Ho-san - na in ex - - cel - - sis.
Agnus
de la
Messe du 8e mode.
A-gnus De - - i   qui tol - - - lis pec-ca - ta
mun-di, mi-se-re - re   no - bis. A-gnus De - - i, qui
tol - lis pec-ca-ta   mun-di mi-se-re - re no - bis. Agnus De - - i
qui tol - - - lis pec-ca - ta   mun-di do-na no - bis pa - - cem.
Sanctus
de la
Messe des doubles.
San - - ctus San - ctus San - - ctus
Do-mi-nus De-us sa - - ba-oth. Ple-ni sunt Cœ-li et ter-ra glo - - ri-a tu - a.

Kyrie
du
temps pascal.

Sanctus
de la
Messe des morts.

Agnus
même Messe.

Hymne
du temps pascal.

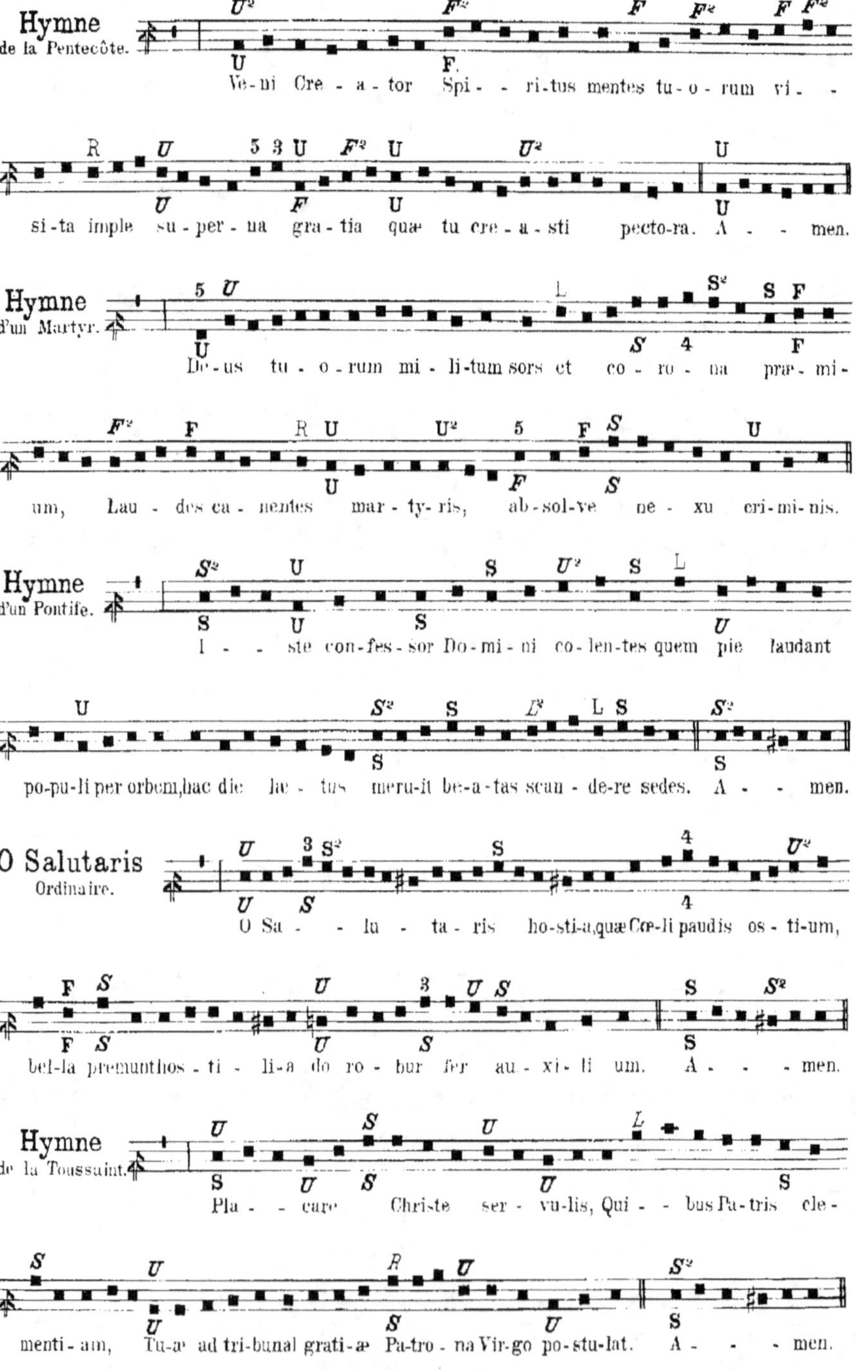

Hymne de la Pentecôte.
Ve-ni Cre - a - tor Spi - - ri-tus mentes tu-o-rum vi - -
si-ta imple su-per-ua gra-tia quæ tu cre-a-sti pecto-ra. A - - men.
Hymne d'un Martyr.
De-us tu - o-rum mi - li-tum sors et co - ro - na præ-mi -
um, Lau-des ca-nentes mar-ty-ris, ab-sol-ve ne - xu cri-mi-nis.
Hymne d'un Pontife.
I - - ste con-fes-sor Do-mi-ni co-len-tes quem pie laudant
po-pu-li per orbem,hac die læ-tus meru-it be-a-tas scan-de-re sedes. A - - men.
O Salutaris Ordinaire.
O Sa - lu - ta-ris ho-sti-a,quæCœ-li paudis os-ti-um,
bel-la premunthos-ti - li-a do ro-bur fer au-xi-li um. A - - men.
Hymne de la Toussaint.
Pla - care Christe ser - vu-lis, Qui - - bus Pa-tris cle-
menti-am, Tu-æ ad tri-bunal grati-æ Pa-tro-na Vir-go po-stu-lat. A - - men.

IXᵉ MODE.

Finale LA, Dominante MI.

Ce mode se rapproche beaucoup du ton musical *la* mineur, et demanderait fréquemment l'emploi de la formule en *la* mineur.

Il est écrit en clé d'*ut* **2ᵉ** ligne. En changeant cette clé d'*ut* en clé de *fa* même ligne, et en bémolisant tous les *si*, ce mode a beaucoup d'analogie avec le **1ᵉʳ** dont il emprunte toutes les phrases, à l'exception de celles qui ont le caractère de *la* mineur. Ainsi transposé il est au diapason des voix. Les *si♭* du ton primitif deviendraient alors des *mi♭*.

MORCEAUX TRANSPOSÉS DU IXᵉ MODE.

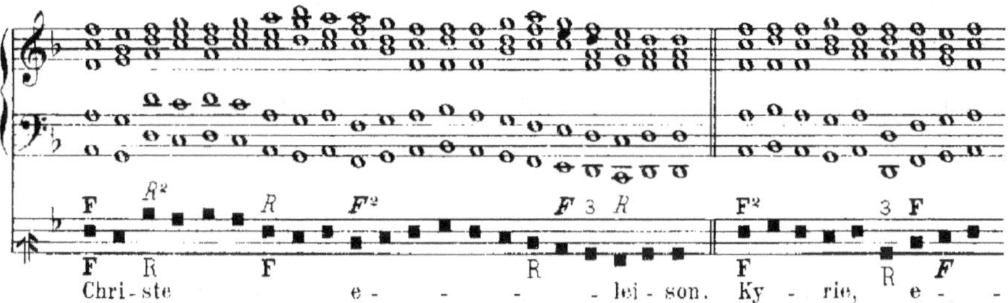

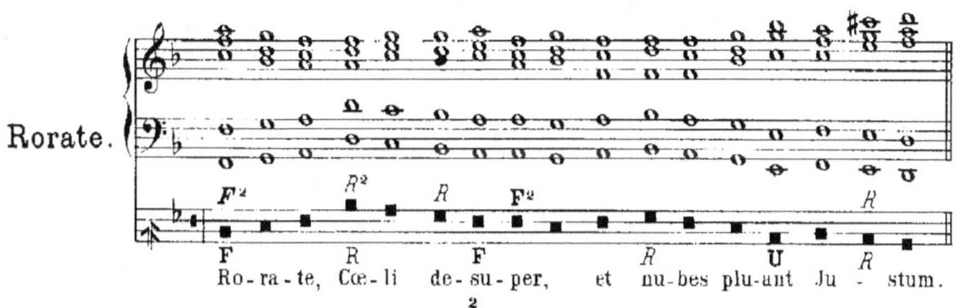

Xᵉ MODE.

Finale LA, Dominante UT.

Il se rapproche quelque peu du mode musical *la* mineur.

Ses phrases de chant étant généralement en *la* mineur demandent à être accompagnée avec les formules en *la* mineur. Cependant, certaines font repos sur d'autres notes. Comm il serait trop long d'harmoniser en détail les divers membres de phrases qui entrent dan sa composition, et que d'ailleurs ces différents membres de phrases empruntés aux autre modes ont été traités déjà en temps et lieu, nous nous bornerons à harmoniser en entie les deux morceaux du Xᵉ mode que l'orgue est appelé à jouer seul.

La Prose de la Fête des sept Douleurs ne manque pas de variantes dont les unes asse difficiles.

Les morceaux du Xᵉ mode sont généralement écrits en clé d'*ut* 3ᵉ ligne. En changeau cette clé d'*ut* en clé de *fa* même ligne, et en bémolisant tous les *si*, ce mode a beaucou d'analogie avec le 2ᵉ. Ainsi transposé il se trouverait plus au diapason des voix.

MORCEAUX DU Xᵉ MODE.

Prose

de la

FÊTE

des

SEPT DOULEURS.

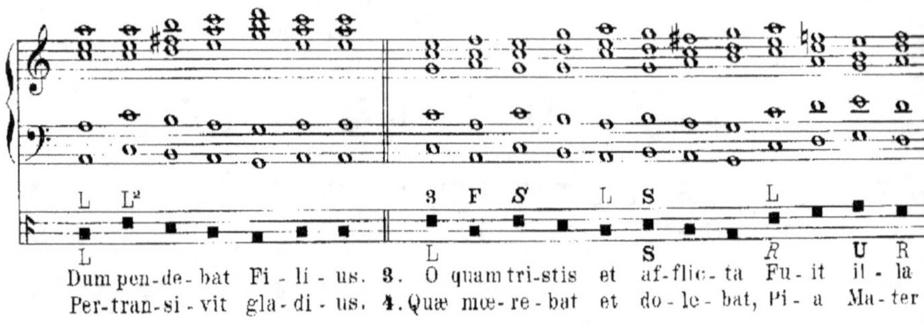

Matrem Christi si vi-de-ret In tan-to sup-pli-ci-o. 7. Pro pec-ca-tis
Christi Matrem contemp-la-ri Do-len tem cum Fi-li-o. 8. Vi-dit su-um
su-a gen-tis Vi-dit Je-sum in tor-men-tis: Et fla-gel-lis sub-di-tum.
dul-cem Na-tum Mo-ri-en-do de-so-la-tum Dum e-mi-sit spi-ri-tum.
9. Ei-a, Ma-ter, fons a-mo-ris, Me sen-ti-re vim do-lo-ris, Fac ut te-cum lu-ge-am.
11. Sancta Ma-ter, i-stud a-gas, Cru-ci-fi-xi fi-ge pla-gas Cor-di me-o va-li-de.
10. Fac ut ar-de-at cor me-um In a-mando Christum Deum, Ut si-bi compla-ce-am.
12. Tu-i Na-ti vul-ne-ra-ti, Tam dig-na-ti pr me pa-ti, Poe-nas mecum di-vi-de.
13. Fac me te-cum pi-e fle-re, Cru-ci-fi-xo con-do-le-re, Do-nec e go vi-xe-ro.
14. Juxta Crucem te-cum sta-re, Et me ti-bi so-ci-a-re In planctu de-si-de-ro.

Hymne
de
plusieurs martyrs.

XIᵉ MODE.

Ce mode est inusité.

XIIᵉ MODE.

Finale SI. Dominante MI.

Sur sa finale *si* on peut *ad libitum* faire entendre l'accord *mineur* ou *majeur* avec *ré ♯*. Cependant, quand dans le chant le *ré* précède immédiatement le *si* comme dans les **3** premiers exemples de la phrase N° **4**, on ne peut faire sur le *si* final que l'accord *mineur*; autrement il résulterait une mauvaise relation entre le *ré* naturel de l'accord précédent et le *ré ♯* entendu dans l'accord de *si* majeur.

Ce mode est généralement écrit en clé d'*ut* 3ᵉ ligne. En changeant cette clé d'*ut* en clé de *fa* avec *si ♭* on se trouverait au diapason des voix.

PRINCIPAUX MEMBRES DE PHRASES
qui entrent dans la composition du XIIᵉ mode.

1.

2.

3.

Sur le SI qui termine les phrases du N° **2** et **3**, on peut faire un accord majeur que l'on obtient en diézant le *ré* qui fait partie de cet accord. On peut aussi terminer ces phrases par un accord de *Sixte*.

4.

Bon nombre de phrases en SOL entrent également dans le XIIᵉ mode. *Voir celles que nous avons établies pour le VIIᵉ et VIIIᵉ mode (page **64** et **65**)*

MORCEAUX DU XIIe MODE.

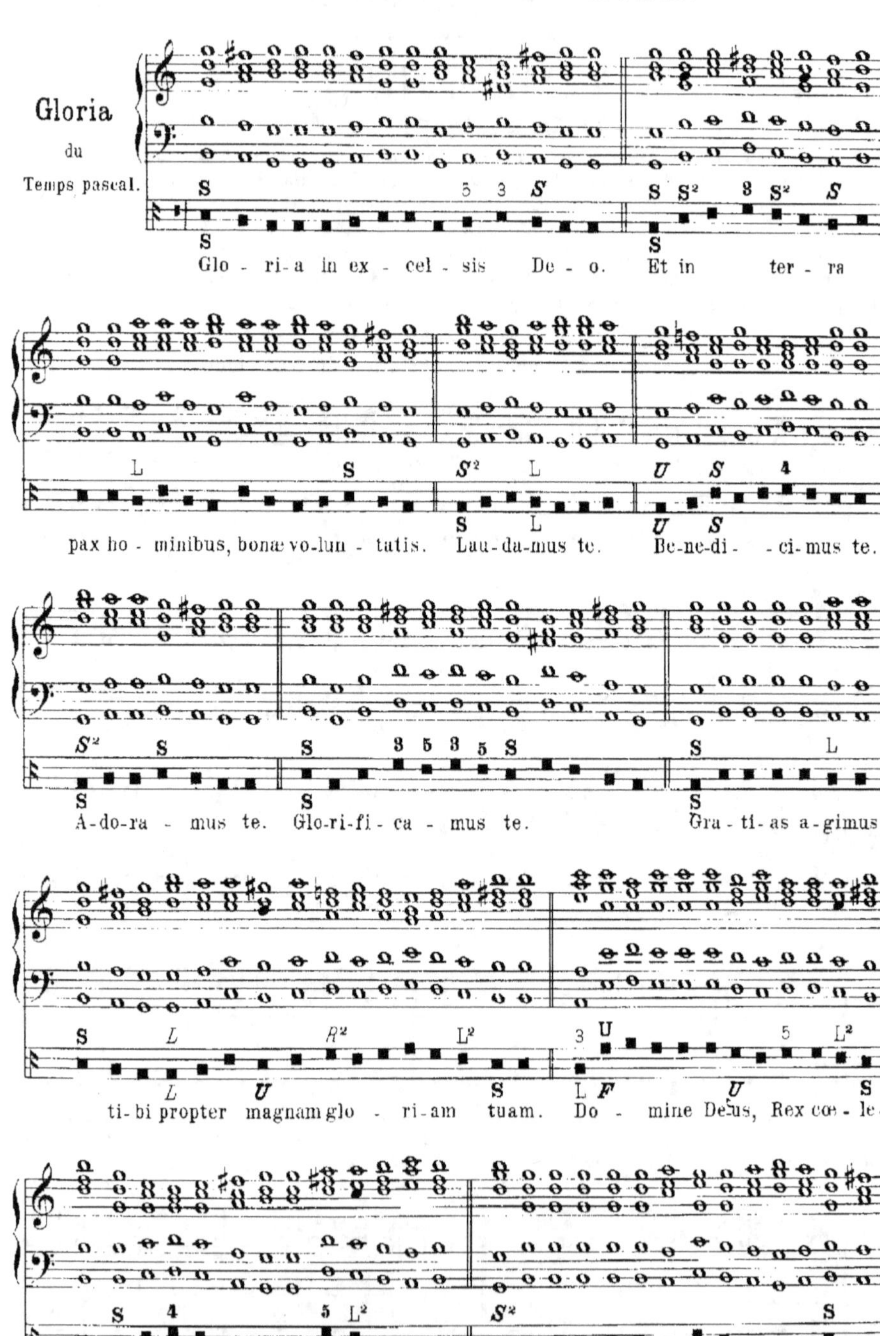

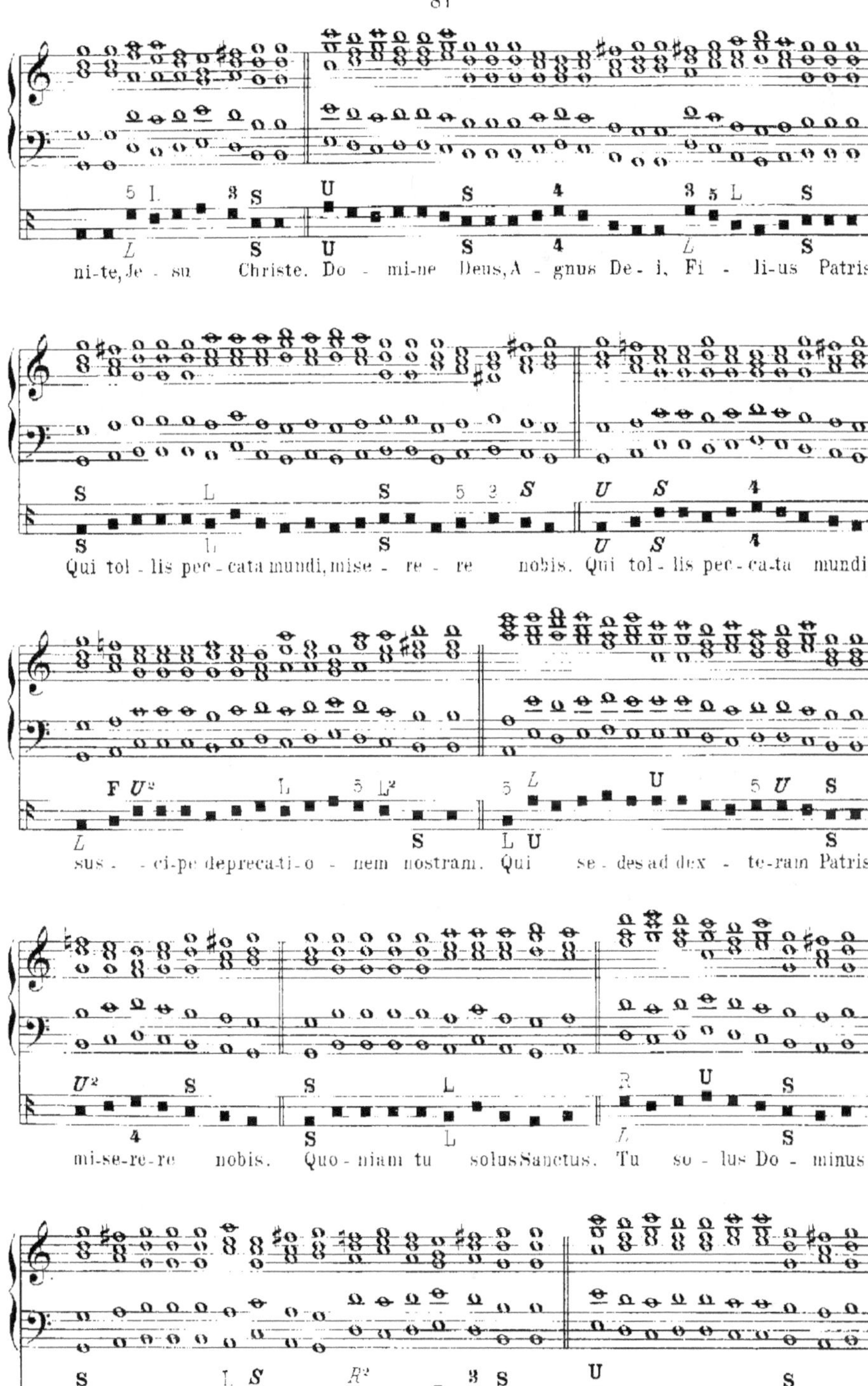

2

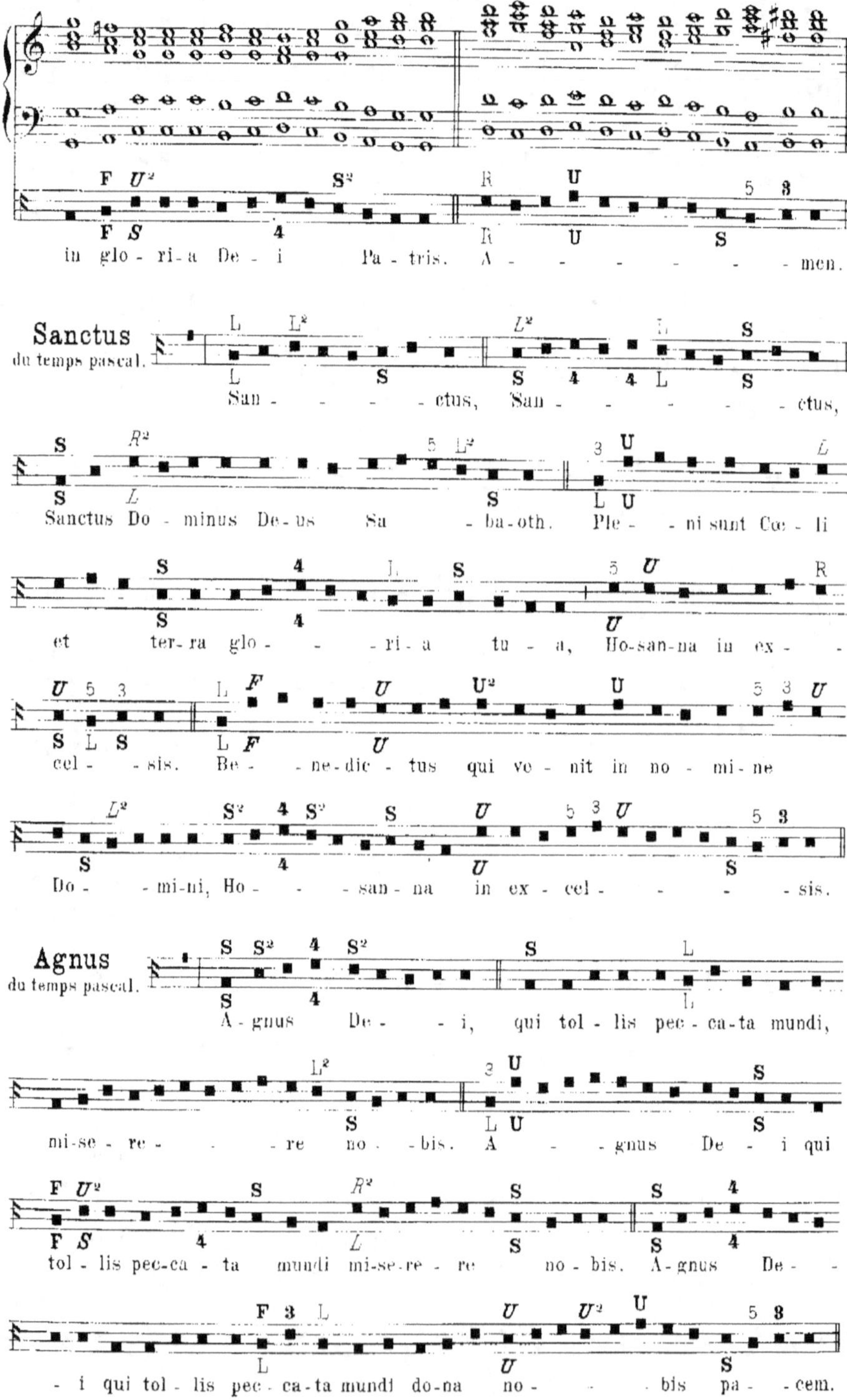
in glo - ri - a De - i Pa - tris. A - - - - - men.
Sanctus
du temps pascal.
San - - - ctus, San - - - ctus,
Sanctus Do - minus De - us Sa - ba - oth. Ple - ni sunt Cœ - li
et ter - ra glo - ri - a tu - a, Ho - san - na in ex -
cel - sis. Be - ne - dic - tus qui ve - nit in no - mi - ne
Do - mi - ni, Ho - san - na in ex - cel - sis.
Agnus
du temps pascal.
A - gnus De - i, qui tol - lis pec - ca - ta mundi,
mi - se - re - re no - bis. A - gnus De - i qui
tol - lis pec - ca - ta mundi mi - se - re - re no - bis. A - gnus De -
- i qui tol - lis pec - ca - ta mundi do - na no - bis pa - cem.

XIIIe MODE.

Finale UT, Dominante SOL.

Ce mode a beaucoup d'analogie avec le ton musical *ut* majeur.

PRINCIPAUX MEMBRES DE PHRASES
qui entrent dans la composition du XIIIe mode.

1.

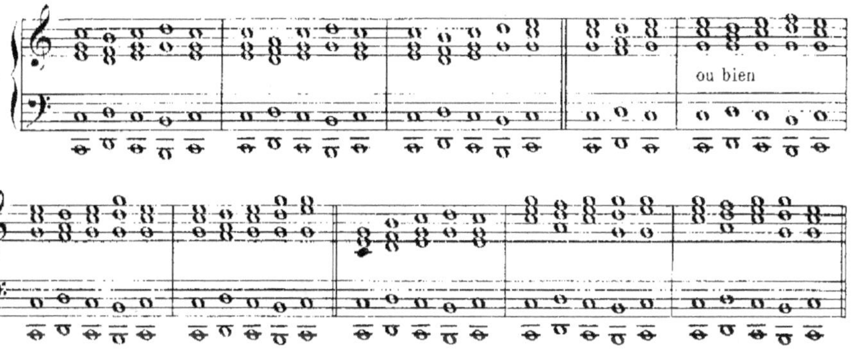

2.

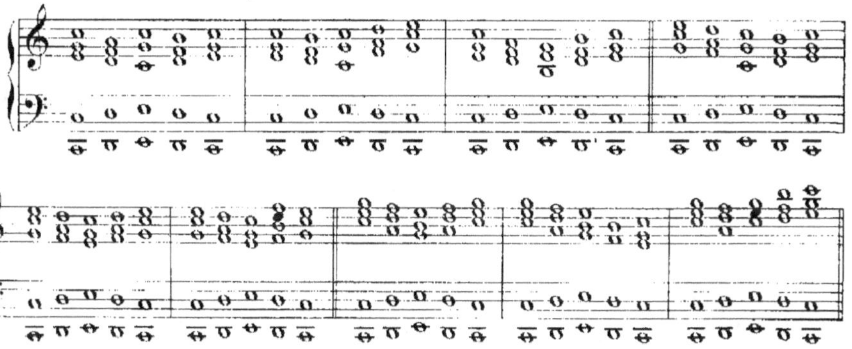

3.

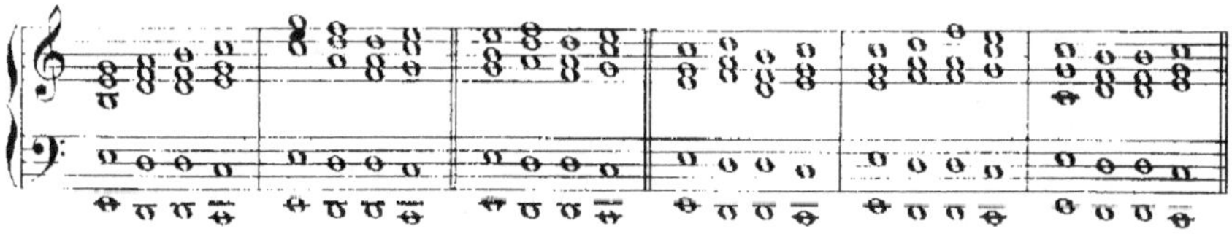

4.

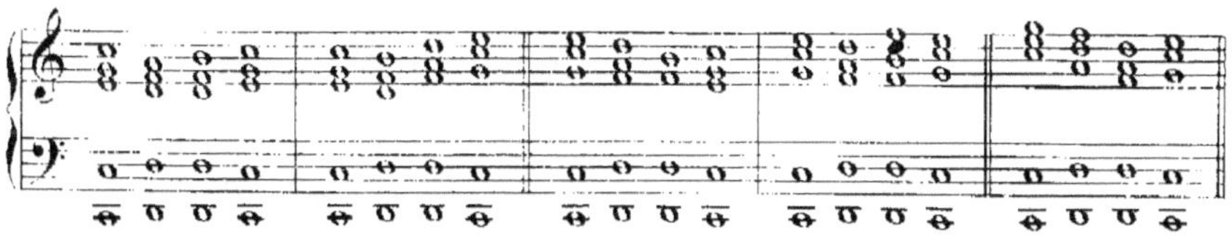

5.

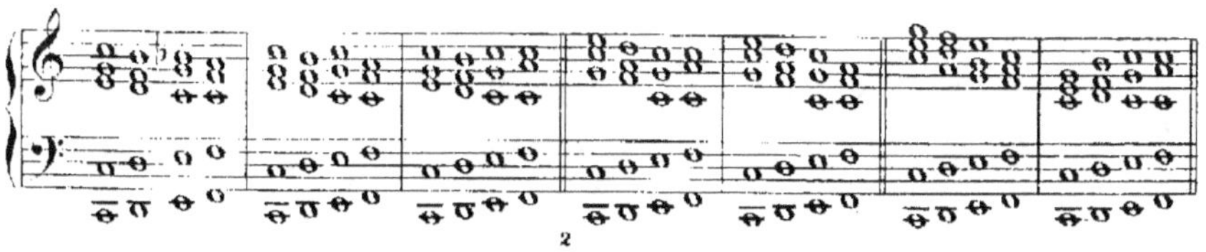

MORCEAUX DU XIII.e MODE.

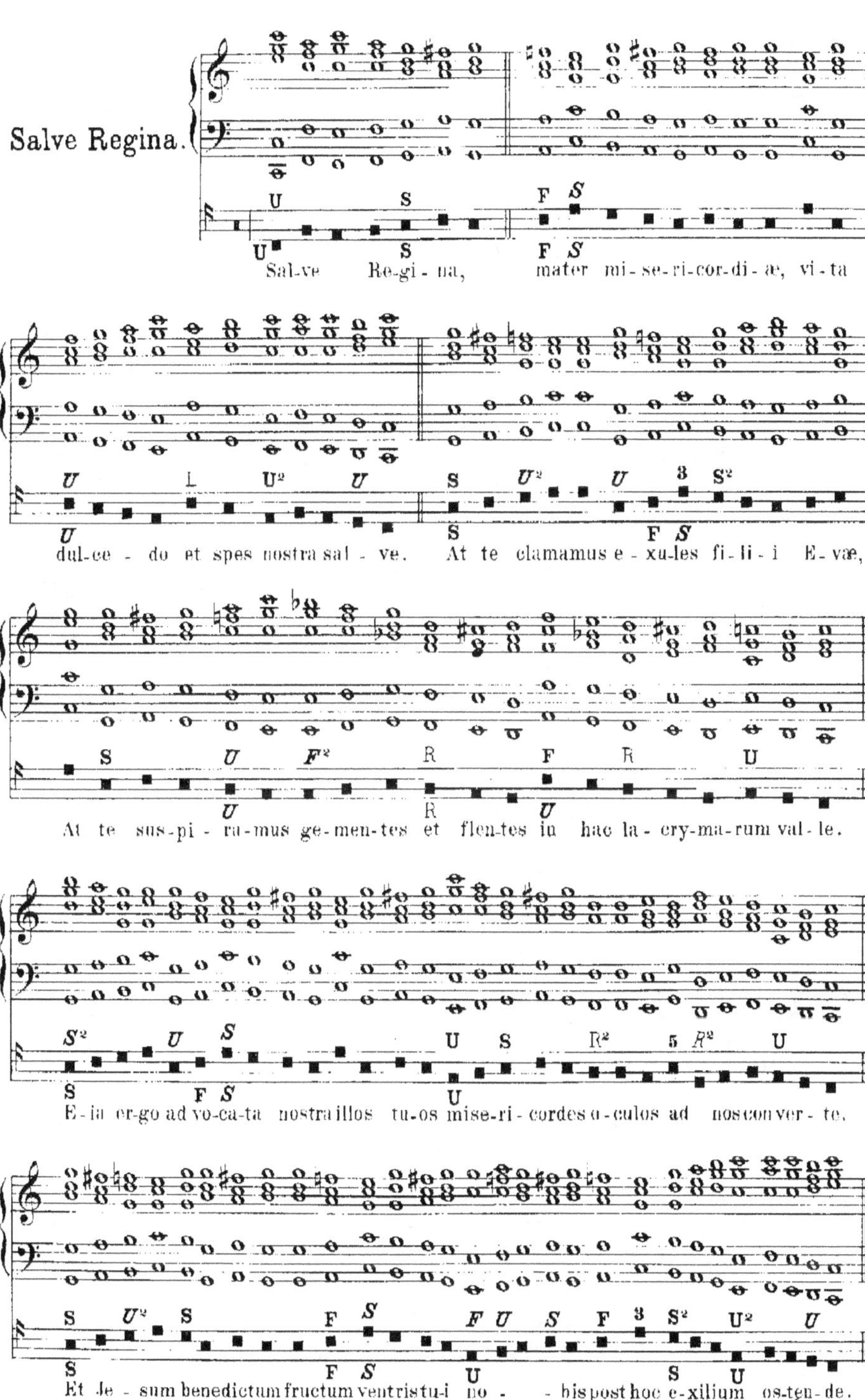

O clemens. O pi - a. O dul - cis vir - go Ma - ri - a.
Sanctus
de la Sainte-Vierge.
San - - ctus, San - ctus, San - - ctus
Domi - nus De - us Sa - - ba - oth. Ple - ni sunt Coeli et ter -
ra glo - ri - a tu - a Ho-san - na in ex-cel - sis. Be -
ne-di - ctus qui ve - nit in no - - mi-ne Do - - mi-ni
Ho - - - - - - san - na in ex - cel - - - sis.
Agnus
de la Sainte-Vierge.
A - gnus De - i, qui tol - - lis pec-ca -
ta mundi, mi - se - re - re no bis. A - gnus De - i, qui tol -
- lis pecca-ta mundi, mi - se - re - re no - bis. A-gnus De - i,
qui tol - - lis pecca - ta mundi, do - na no-bis pa - cem.
Sanctus
du Carême.
San - - ctus, San - - ctus, San - - ctus Domi-nus De - us
Sa - - baoth. Pleni sunt Coe - li et ter - ra glo-ri-a tu - a,

(✠) Dans certaines localités on diète ici le *fa*.　2

CHANT DES PSAUMES.

Dixit Domi-nus Do-mi-no me-o e u o u a e e u o u a e
6me ton.
Di-xit Do-mi-nus Do-mi-no me-o se-de a dex-tris me-is.
Di-xit Do-mi-nus Do-mi-no me-o se-de a dex-tris me-is.
Di-xit Do-mi-nus Do-mi-no me-o e u o u a e
Di-xit Do-mi-nus Do-mi-no me-o e u o u a e
7me ton.
Di-xit Do-mi-nus Do-mi-no me-o Ma- -gni-fi-cat
e u o u a e e u o u a e e u o u a e a e e u o u a e
8me ton.
Di-xit Do-mi-nus Do-mi-no me-o Di-xit Do-mi-nus
Do-mi-no me-o e u o u a e e u o u a e
e u o u a e Di-xit Do-mi-nus Do-mi-no me-o e u o u a e
9me ton.
In e-xi-tu Is-ra-el de E-gypto domusde po-pu-lo barbaro.
2me ton supplémentaire.
Misere-re mei De-us secundum magnam miseri-cor-diam tu-am.

APPENDICE

traitant

DE LA TRANSPOSITION DES MORCEAUX.

Si l'on jouait sur l'orgue les morceaux du Graduel et de l'Antiphonaire dans le ton qu'ils sont écrits, certains seraient trop haut, d'autres au contraire seraient trop bas. De là la nécessité de baisser ou de hausser les morceaux afin de les mettre à la portée des voix qui doivent les exécuter; c'est ce qui s'appelle transposer.

Il y a deux manières de transposer. L'une très-facile se fait au moyen du clavier transpositeur; l'autre s'opère en laissant le clavier fixe, mais en ayant recours aux diézes et aux bémols. Nous allons parler de ces deux différentes manières de transposer.

CHAPITRE I.

DU CLAVIER TRANSPOSITEUR.

Rien de plus facile que de hausser ou baisser les morceaux avec un orgue à clavier transpositeur. Au-dessus de ce clavier se trouve placé un petit indicateur donnant les notes de la gamme, c'est là un premier guide. D'autre part, les livres de chant indiquent toujours quelle est la dominante de chaque morceau. Avec ces deux guides il est impossible de se tromper dans la transposition que l'on veut faire.

Pour cela il suffit d'examiner sur le livre la dominante du morceau que l'on veut chanter. Si cette dominante est trop élevée pour les voix, il faut baisser le clavier en le faisant glisser vers la gauche. Si au contraire elle est trop grave, il faut monter le clavier en le dirigeant vers la droite. Dans l'un et l'autre cas, il faut pour se mettre à la portée des chantres, choisir sur le petit indicateur la dominante qui leur est la plus convenable. Alors la note du clavier qui correspond à la dominante du morceau sera amenée au droit de la nouvelle dominante choisie sur le petit indicateur.

On veut, par exemple, chanter un morceau du 2ᵐᵉ ton dont la dominante est *fa;* il est trop bas pour une voix de ténor qui serait plus à l'aise en prenant *la* pour dominante. Alors on fait glisser le *fa* du clavier au droit du *la* de l'indicateur; la transposition est faite et l'on joue comme si le clavier n'était point changé.

Pour un chœur de voix devant chanter à l'unisson on prend ordinairement *sol* pour dominante. Dans ce cas

LA dominante du 1re ton sera amené au droit du *sol* de l'indicateur.
FA „ 2me „ „ „
UT „ 3me „ „ „
LA „ 4me „ „ „
UT „ 5me „ „ „
LA „ 6me „ „ „
RE „ 7me „ „ „
UT „ 8me „ „ „

Si l'on choisit *la* pour dominante. amenez la dominante de chaque morceau sur le *la* de l'indicateur.

Les psaumes se chantent toujours sur la même dominante. Ainsi toutes les Antiennes des Vêpres doivent avoir la même dominante.

On peut dévier à cette règle lorsqu'il s'agit de chanter une Hymne. un Introït ou un Trait, selon que le morceau serait trop haut ou trop bas pour les voix.

CHAPITRE II.

DU CLAVIER FIXE.

La seconde manière de transposer consiste à jouer le plain-chant dans un autre ton que celui dans lequel il est écrit, en laissant en place son clavier, mais en se servant de *diézes* et de *bémols*. et en se figurant une autre clef que celle avec laquelle est écrit le morceau.

Nous recommandons ce mode de transposition pour plusieurs raisons. D'abord tous les claviers ne sont pas transpositeurs, et un organiste qui a l'habitude de se servir de cette sorte de clavier se trouverait fort embarassé si un jour il était appelé à jouer sur un clavier fixe dans une paroisse étrangère, soit même dans la sienne dont l'harmonium en réparation serait momentanément remplacé par un autre. Ensuite, cette manœuvre n'est pas commode surtout lorsqu'il faut y avoir recours à chacune des Antiennes des Vêpres dont la dominante est rarement la même: Enfin, les mains de l'organiste sont plus sûres des notes du clavier quand elles conservent toujours la même position.

Que l'élève ne se laisse point effrayer à la vue de ces diézes et bémols qu'il devra employer. Il sera surpris de trouver une heureuse solution là où il entrevoyait une difficulté.

Avant d'aborder la question nous lui ferons l'observation suivante, qu'il n'oubliera point. surtout quand il sera familiarisé avec les formules supplémentaires particulières à la transposition

Observation. Quand l'on se trouve en présence d'un morceau à transposer dans un ton quelconque, il faut d'abord s'étudier à bien posséder l'accompagnement particulier au ton naturel dans lequel il est écrit. Alors, si l'on est suffisamment exercé sur les formules relatives à la transposition que nous avons établies à la page 120 et suivantes, les accords se présenteront d'eux-mêmes sous les doigts, quel que soit le ton dans lequel on transpose.

Pour atteindre le maximum de ce que peut faire le plus habile transpositeur, il faut deux conditions.

1°. Apprendre les 12 formules majeures, et les 12 mineures que nous donnons plus loin. Cependant, certains élèves pourront se contenter d'étudier les plus faciles et le plus usitées, c'est-à-dire, les premières écrites avec *dièzes,* et aussi les premières écrites avec *bémols;* c'est dans ce but, au reste, que nous avons suivi cet ordre en les établissant. L'étude n'en sera pas difficile après les 3 formules majeures et les 2 mineures qu'ils possèdent déjà.

2°. Savoir interpréter les deux tableaux ci-après établis. Le 1er de ces tableaux indique combien il faut employer de dièzes et de bémols pour *hausser* un morceau de un ou plusieurs degrés. Le 2me tableau expose quelle armure il faut à la clé pour *baisser* ces mêmes morceaux.

L'emploi des *dièzes* suit toujours cet ordre: *fa, ut, sol, ré, la, mi, si.* Celui des *bémols* est dans le sens inverse: *si, mi, la, ré, sol, ut, fa.*

Ainsi, quand nous indiquons un *dièze* à la clé, ce dièze affectera toujours le *fa.* Si nous en avons annoncé trois, ils seront *fa♯, ut♯,* et *sol♯.* Si nous signalons deux *bémols,* ils seront *si♭,* et *mi♭,* etc.

Dans les *tons majeurs* de la musique moderne, la tonique est toujours 1 demi-ton plus haut que le dernier dièze; par exemple: un seul dièze est à la clé, il affecte nécessairement le *fa,* et indique que le morceau est en *sol majeur;* deux dièzes, *fa♯* et *ut♯* annoncent que le morceau est en *ré majeur,* trois dièzes. *fa♯, ut♯* et *sol♯,* le mettent en *la majeur.*

Quant aux *bémols,* le dernier mis à la clé indique que la tonalité du morceau est une *quarte inférieure.* On peut aussi considérer ce morceau comme étant dans le ton de l'avant dernier bémol, dans le cas où il y en aurait deux ou plusieurs à la clé. Ainsi, par exemple, un seul ♭ à la clé sera posé sur le *si,* le morceau est en *fa;* il existe deux bémols, *si♭, mi♭,* le morceau se trouve en *si♭;* trois bémols, *si♭, mi♭, la♭,* annoncent que le morceau est en *mi♭ majeur.*

En style musical moderne, un morceau est *mineur* quand sa tonalité commence par une tierce mineure. Dans ce cas, sa tonique se trouve toujours un ton *au-dessous* du dernier dièze de la clé. Par exemple: un seul dièze, *fa♯,* annonce le morceau en *mi mineur;* deux dièzes, *fa♯* et *ut♯,* mettent le morceau en *si mineur.*

Avec bémols, un morceau *mineur* est toujours deux tons pleins *au-dessus* du dernier bémol ou 1 ton et demi *au-dessous* de l'avant-dernier. *Si♭* à la clé met donc le morceau en *ré mineur; si♭, mi♭, la♭* en *ut mineur.*

L'emploi des dièzes et des bémols donne lieu à une dernière observation.

Quand déjà le *si♭* se trouve à la clé, comme dans le VIe et le IXe mode, c'est un bémol qu'il faut ajouter en plus à ceux qui sont indiqués pour la transposition des morceaux. Ainsi, par exemple, il s'agit de baisser d'un ton le *Kyrie* de la Messe du VIe mode. Pour cela d'après le tableau, il faut deux bémols; mais, comme déjà il existe un bémol à la clé, il arrivera que le morceau transposé comptera trois bémols à la clé: celui qui existait, et les deux ajoutés.

Par contre, se sert-on de dièzes pour transposer un morceau qui a un bémol à la clé; on emploiera toujours un dièze en moins pour cette transposition. On veut, par exemple, hausser ce morceau d'un ton. Pour cela le tableau nous indique deux dièzes; mais, comme déjà le *si♭* est à la clé, il ne faudra plus qu'un seul dièze, le bécarre qui supprime le ♭ tenant lieu d'un dièze.

Arrivons maintenant à l'interprétation des nos deux tableaux.

En tête de chaque colonne verticale de ces tableaux nous indiquons combien il faut de dièzes ou de bémols pour hausser ou baisser un morceau d'un demi-ton, 1 ton, 1 ton et demi, 2 tons, et ainsi de suite.

La 1ère colonne indique les formules dont on se sert pour jouer les morceaux non transposés. Le 2me colonne comprend les nouvelles formules à prendre pour hausser ou baisser d'un demi-ton les mêmes morceaux. La 3me renferme les formules pour transposer d'un ton, et ainsi de suite.

Un seul exemple pratique suffira pour interpréter ces tableaux.

On veut *hausser* d'*un ton* un morceau quelconque. Alors il faut avoir recours au 1er tableau lequel sert exclusivement à hausser. La 3me colonne verticale de ce tableau nous indique que pour hausser d'un ton il faut avoir recours à deux dièzes, *fa♯* et *ut♯*. Alors, par suite de cette transposition, toutes les formules de la 1ère colonne doivent être remplacées par celles de la 3me; la formule en *ut* majeur, par exemple, sera remplacée par celle en *ré majeur;* la formule en *fa majeur* par celle en *sol majeur;* la formule en *sol majeur* par celle en *la majeur;* la formule en *ré mineur* par celle en *mi mineur;* et la formule en *la mineur* par celle en *si mineur.*

Pour transposer les morceaux, on est souvent obligé de se figurer des clés autres que les cinq en usage pour la notation du plain-chant. La dominante que l'on adopte détermine la clé sur laquelle on doit jouer. Ainsi, il faut considérer la dominante de chaque morceau comme une véritable clé. Il suit de là que si l'on adopte la dominante *sol* sur son clavier, toutes les dominantes des morceaux doivent être considérées comme des clés de *sol.* Mais, si l'on choisit *la* pour dominante, les dominantes des morceaux seront autant de clés de *la* qui pour les 1, 2, 4, 5, 6, 9, 10 et 14e modes équivalent à la clé d'*ut* 4e ligne.

Voici un exemple pour le cas où l'on adopterait *sol* pour dominante.

Les 1, 4, 6, 9 et 14e modes qui ont *la* pour dominante sont baissés d'un ton, et l'on se figure le *sol* sur la 3e ligne de la portée, à la place qu'occupait le *la.*

Le 2e mode doit être haussé d'un ton, et sa dominante qui était *fa* devient *sol* lequel se trouve sur la 3e ligne de la portée comme les modes précédents.

Le 5e et le 10e modes doivent être baissés de 2 tons ½, et alors leur dominante *ut,* qui était sur la 3e ligne, se transforme en clé de *sol* même ligne.

Le 3e et le 8e modes se baissent de 2 tons ½, et leur dominante *ut,* 4e ligne, devient une clé de *sol* également sur la 4e ligne.

Le 7e mode se baisse de 3 tons ½, et sa dominante *ré* devient une clé de *sol* qui, posée entre la 3e et la 4e ligne, équivant à la clé de *fa* 3e ligne.

D'après ce que nous venons d'exposer, il résulte, qu'en prenant *sol* pour dominante, les 1, 2, 4, 5, 6, 9, 10 et 14e modes se transposeraient sur la même clé, ayant l'*ut* sur la 1ère ligne, et le *sol* sur la 3e. Les 3e et 8e modes auraient pour clé commune la clé de *sol* sur la 4e ligne. Le 7e mode se jouerait en clé de *fa* 3e ligne qui par là même place la dominante *sol* entre la 3e et la 4e ligne.

1ᵉʳ TABLEAU

servant à HAUSSER les morceaux

POUR HAUSSER LES MORCEAUX
DE

Formules indiquées avant la transposition des morceaux	½ ton il faut 5♭	1 ton il faut 2♯	1 ton ½ il faut 3♭	2 tons il faut 4♯	2 tons ½ il faut 1♭	3 tons il faut 6♯	3 tons ½ il faut 1♯
			et alors les formules primitives deviennent celles de				
UT *maj.*	RÉ♭ *maj.*	RÉ *maj.*	MI♭ *maj.*	MI *maj.*	FA *maj.*	FA♯ *maj.*	SOL *maj.*
FA *maj.*	SOL♭ *maj.*	SOL *maj.*	LA♭ *maj.*	LA *maj.*	SI♭ *maj.*	SI *maj.*	UT *maj.*
SOL *maj.*	LA♭ *maj.*	LA *maj.*	SI♭ *maj.*	SI *maj.*	UT *maj.*	UT♯ *maj.*	RÉ *maj.*
RÉ *min.*	MI♭ *min.*	MI *min.*	FA *min.*	FA♯ *min.*	SOL *min.*	SOL♯ *min.*	LA *min.*
LA *min.*	SI♭ *min.*	SI *min.*	UT *min.*	UT♯ *min.*	RÉ *min.*	RÉ♯ *min.*	MI *min.*

2ᵉᵐᵉ TABLEAU

servant à BAISSER les morceaux

POUR BAISSER LES MORCEAUX
DE

Formules indiquées avant la transposition des morceaux	½ ton il faut 5♯	1 ton il faut 2♭	1 ton ½ il faut 3♯	2 tons il faut 4♭	2 tons ½ il faut 1♯	3 tons il faut 6♭	3 tons ½ il faut 1♭
			et alors les formules primitives deviennent celles de				
UT *maj.*	SI *maj.*	SI♭ *maj.*	LA *maj.*	LA♭ *maj.*	SOL *maj.*	SOL♭ *maj.* ou FA♯	FA *maj.*
FA *maj.*	MI *maj.*	MI♭ *maj.*	RÉ *maj.*	RÉ♭ *maj.*	UT *maj.*	SI *maj.*	SI♭ *maj.*
SOL *maj.*	FA♯ *maj.*	FA *maj.*	MI *maj.*	MI♭ *maj.*	RÉ *maj.*	RÉ♭ *maj.*	UT *maj.*
RÉ *min.*	UT♯ *min.*	UT *min.*	SI *min.*	SI♭ *min.*	LA *min.*	LA♭ *min.* ou SOL♯	SOL *min.*
LA *min.*	SOL♯ *min.*	SOL *min.*	FA♯ *min.*	FA *min.*	MI *min.*	MI♭ *min.*	RÉ *min.*

FORMULES MAJEURES
SUPPLÉMENTAIRES POUR TRANSPOSER.

SI♭ MAJEUR.

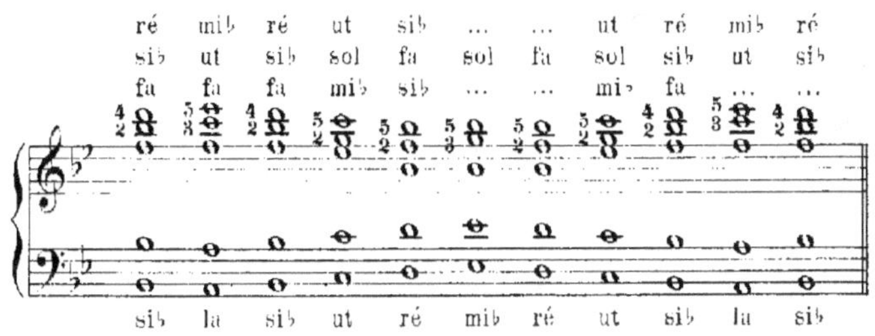

RÉ MAJEUR.

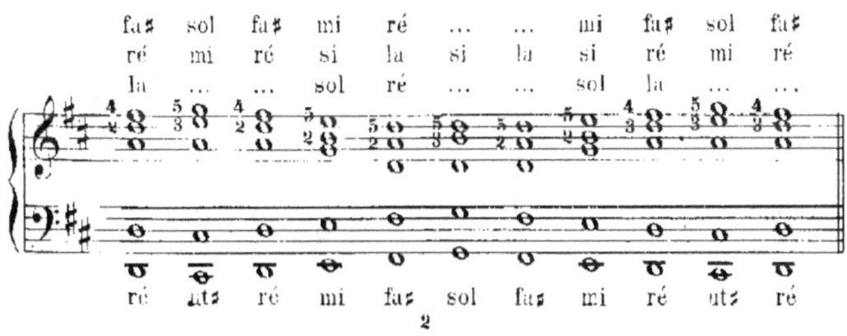

MI♭ MAJEUR.

LA-MAJEUR.

MI MAJEUR.

LA♭ MAJEUR.

RÉ♭ MAJEUR.

COMME UT♯ MAJEUR.

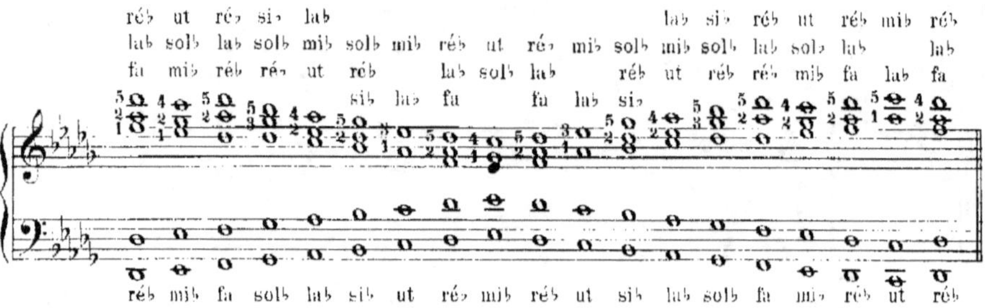

SI MAJEUR.

CORRESPOND À UT♭ MAJEUR.

FA♯ MAJEUR.

CORRESPOND À SOL♭ MAJEUR.

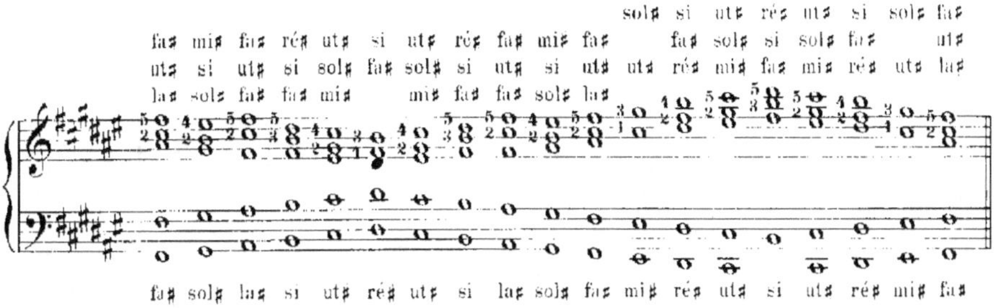

UT♯ MAJEUR.

COMME RÉ♭ MAJEUR.

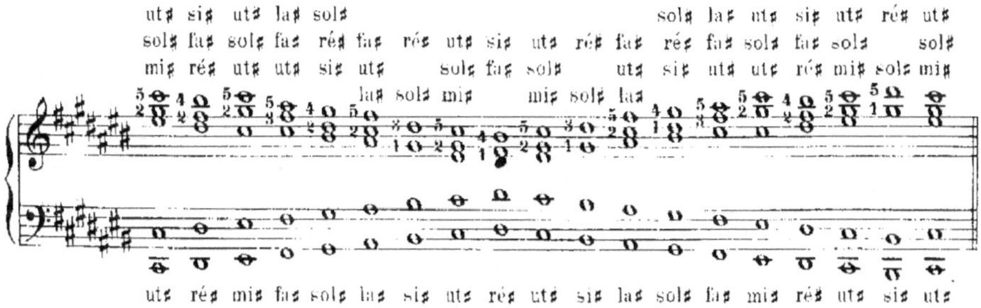

FORMULES MINEURES

SOL MINEUR.

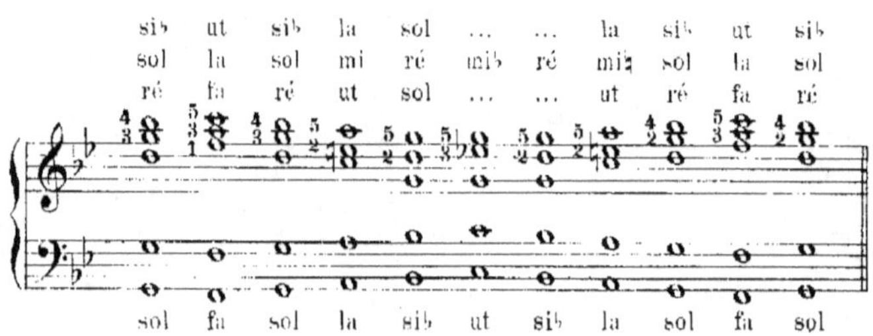

MI MINEUR.

UT MINEUR.

SI MINEUR.

FA♯ MINEUR.

UT♯ MINEUR.
CORRESPOND À RÉ♭ MINEUR.

FA MINEUR.

SI♭ MINEUR.

SOL♯ MINEUR.

MI♭ MINEUR.

RÉ♯ MINEUR.

COMME MI♭ MINEUR.

Quand nos élèves seront familiarisés avec toutes ces formules majeures et mineures, nous leur conseillerons, pour les fortifier encore, de transposer successivement dans les **12** tons majeurs les morceaux que nous leur indiquons ci-après, en s'en tenant d'un bout du morceau à l'autre à la formule adoptée dès le commencement. L'introït des morts, par exemple, sera joué avec la formule majeure en fa, puis en sol, en la♭, en la naturel etc. Après ces morceaux majeurs ils passeront aux mineurs qu'ils joueront de même successivement dans les **12** tons mineurs.

Morceaux majeurs.

Morceaux mineurs.

TABLE

DES MORCEAUX HARMONISÉS DANS CET OUVRAGE.

ORDINAIRE DES MESSES

PROSES

HYMNES

ANTIENNES A LA Ste VIERGE

SALUTS DU SAINT SACREMENT